おとな旅
プレミアム
PREMIUM

沖縄

あなただけの
プレミアムな
おとな旅へ！
ようこそ！

SIGHTSEEING

サンセットが
特に素晴らしい
という景勝地

万座毛 ➡ P.27・117

OKINAWA

沖縄への旅

亜熱帯の深い緑と
紺碧の海に抱かれて

琉球王国以前の史跡を残し、神々に見守られた常夏の島。内地と異なる歩みや風土が、伝統工芸や琉球料理など、魅力的な文化を育ててきた。もちろん、雄々しい大自然や絶景はこの地を訪れた人々を温かく迎え入れてくれる。2020年は沈黙の年となったが、多くの高級リゾートホテルが相次いで誕生しているし、被災した首里城の復旧工事も急ピッチで進められている。さぁ、新しい沖縄を旅しよう。

コバルトブルーに輝く
雄大な景色のなかへ

うるまの宮城島に広がる
果報バンタから望む絶景

SIGHTSEEING

瀬底島 ➡ P.124

本島から車で
渡れる絶景
アイランド

RESORT HOTEL

客室でゆっくり
食事を楽しめる
土間ダイニング

星のや沖縄 ➡ P.45

沖縄の食や工芸品…。
作る人のぬくもりを感じる

八重山野菜などをふんだんに使用した料理が並ぶ（八重山料理 潭亭）

CRAFTS
壺屋やちむん通りや読谷でやちむん（焼物）に出会う
guma guwa → P.156

SIGHTSEEING
現在は仮設で営業中。沖縄の暮らしをのぞいてみて
那覇市第一牧志公設市場 → P.40

国際通りのお店でおみやげ探し

サンゴの海、亜熱帯の森で遊び
琉球の伝統文化にもふれる

慶良間諸島でシーカヤックや
シュノーケリングを楽しむ

SIGHTSEEING

沖縄きっての
人気スポット。
「美ら海」の魅力
にふれよう

沖縄美ら海水族館 ➡ P.61・125

CULTURE

紅型、紙漉き、
藍染めなど、
沖縄伝統工芸も
体験したい

おきなわワールド
文化王国・玉泉洞 ➡ P.112・114

やんばるの森をトレッキング
比地大滝トレモッアー

本島で最大
規模を誇る
やんばるの
比地大滝へ

NATURE

比地大滝 ➡ P.29・87

CONTENTS

沖縄全図 ………………………………… 2
沖縄への旅
亜熱帯の深い緑と紺碧の海に抱かれて … 4
沖縄はこんな島です …………………… 12
沖縄本島を移動する …………………… 14
沖縄トラベルカレンダー ……………… 16
プレミアム滞在モデルプラン
沖縄 おとなの2泊3日 ………………… 18

ニュース＆トピックス ………… 22

特集

沖縄の絶景をめぐる …………… 24
美ら海を望む …………………………… 24
緑のなかへ ……………………………… 28
海カフェ&森カフェ …………… 30
海カフェ ………………………………… 30
森カフェ ………………………………… 34
トロピカル・スイーツ ………… 36
沖縄ぜんざい・かき氷 ………………… 36
果実スイーツ …………………………… 38

まちぐゎ〜で
沖縄の素顔に出会う …………… 40
那覇市第一牧志公設市場（仮設） …… 40
もっとまちぐゎーを楽しむ!! ………… 43
素敵な時を過ごす極上空間へ … 44
ニューオープン＆リニューアル ……… 44
とっておきリゾート …………………… 50
ホテルはスパで選ぶ …………………… 54
プライベート・ヴィラ ………………… 58
国営沖縄記念公園（海洋博公園）
沖縄美ら海水族館 ……………… 60
沖縄美ら海水族館 ……………………… 61
国営沖縄記念公園（海洋博公園） …… 66

遊ぶ

美らビーチセレクション
- 本島北部 … 68
- 本島中・南部 … 70

アクティビティ
- 慶良間シーカヤック＆シュノーケリング
  ケラマブルーの海へ … 72
- 青の洞窟シュノーケリング
  神秘的に輝く青の美ら海 … 74
- **無人島に渡る** … 76
  - ナガンヌ島 76　コマカ島 77
- ホエールウォッチング
  クジラが跳ぶ海へ … 78
- ジンベエザメ シュノーケル
  神秘の巨大ザメを見る！ … 80
- ドルフィンプログラム
  思いがけない感動を味わうひととき … 81
- マリンアクティビティ
  ホテルビーチの快楽 … 82
- 慶佐次川マングローブカヌー
  亜熱帯の森を冒険する旅 … 84
- 比地大滝渓流トレッキングツアー
  森の奥の滝を目指して … 86
- 大石林山ガイドウォーク
  本島最北端のパワスポ巡り … 88

歩く・観る

那覇・首里　90
- 街歩きは国際通りから。… 90
- おしゃれな3つの小路散策 … 94
- 首里城 … 96
- 首里街並みさんぽ … 98
- 歴史 琉球王国への時間旅行 … 100
  - 沖縄の歴史と文化を知るスポット　107

本島南部　108
- 聖地で感じる島の力 … 108
- 沖縄戦終焉の地 … 110
- 歴史 沖縄戦―凄絶なる3カ月の総力戦 … 111
- スピリチュアル・ドライブ … 112
  - おきなわワールド 文化王国・玉泉洞　114
  - 瀬長島ウミカジテラス　115

西海岸リゾートエリア　116
- シーサイド・ドライブ … 116

本島中部・東海岸　118
- 港川外人住宅のショップ＆カフェ … 118
  - 美浜アメリカンビレッジ　120
  - 気分はアメリカ　121
- 海中道路を渡って島々へ … 122

本部半島・名護　124
- 島めぐりドライブ … 124

やんばる　126
- 緑深い亜熱帯の森 … 126

食べる

沖縄ごはん
愛される沖縄の味
島料理図鑑 128

どれも一度は試してみたい
島の食材、島の味 130

琉球料理の正統を味わう 132
島んちゅのまあさん食堂 134
島野菜が食べたい 136
沖縄の朝ごはん 138
うちな一居酒屋はおいしい夜の食事処 140
民謡居酒屋&ライブハウス 142
泡盛を知る 143

沖縄そば名店案内
だしの効いたスープがしみる 144
本部そば街道 146
ステーキ&島豚がおいしい島です 148
ハンバーガー 150
タコス&タコライス 151

昔も今もやさしい味の島おやつ 152

買う

やちむんの里と読谷の工房めぐり 154
壺屋やちむん通り 156
島の心を伝える手仕事 158
素敵なアートクラフトを探しに。 160
とっておきスキンケアグッズ 164
スーパー&コンビニで探す
おいしいおみやげ 166

アクセスと島内交通 167
沖縄へのアクセス 168
沖縄本島の交通 170
INDEX 174

付録地図

沖縄本島北部	2	名護	12
本部半島・名護	4	宜野湾／浦添	13
沖縄本島中部	6	那覇	14
西海岸リゾートエリア	8	那覇中心部	16
沖縄本島南部	10	首里	18
北谷・中城	11	那覇新都心／糸満	19

本書のご利用にあたって

● 本書中のデータは2020年11〜12月現在のものです。料金、営業時間、休業日、メニューや商品の内容などが、諸事情により変更される場合がありますので、事前にご確認ください。

● 本書に紹介したショップ、レストランなどとの個人的なトラブルに関しましては、当社では一切の責任を負いかねますので、あらかじめご了承ください。

● 営業時間、開館時間は実際に利用できる時間を示しています。ラストオーダー(LO)や最終入館の時間が決められている場合は別途表示してあります。

● 営業時間等、変更する場合がありますので、ご利用の際は公式HPなどで事前にご確認ください

● 休業日に関しては、基本的に定休日のみを記載しており、特に記載のない場合でも年末年始、ゴールデンウィーク、夏季、旧盆、保安点検日などに休業することがあります。

● 料金は消費税込みの料金を示していますが、変更する場合がありますのでご注意ください。また、入館料などについて特記のない場合は大人料金を示しています。

● レストランの予算は利用の際の目安の料金としてご利用ください。Bが朝食、Lがランチ、Dがディナーを示しています。

● 宿泊料金に関しては、「1泊2食付」「1泊朝食付」「素泊まり」は特記のない場合1室2名で宿泊したときの1名分の料金です。曜日や季節によって異なることがありますので、ご注意ください。

● 交通表記における所要時間、最寄り駅からの所要時間は目安としてご利用ください。

● 駐車場は当該施設の専用駐車場の有無を表示しています。

● 掲載写真は取材時のもので、料理、商品などのなかにはすでに取り扱っていない場合があります。

● 予約については「要予約」(必ず予約が必要)、「望ましい」(予約をしたほうがよい)、「可」(予約ができる)、「不可」(予約ができない)と表記していますが、曜日や時間帯によって異なる場合がありますので直接ご確認ください。

● 掲載している資料および史料は、許可なく複製することを禁じます。

■ データの見方

- ☎ 電話番号
- ㊟ 所在地
- ㊗ 開館／開園／開門時間
- ㊙ 営業時間
- ㊡ 定休日
- ㊤ 料金
- ✈ アクセス
- Ⓟ 駐車場
- ㊦ 宿泊施設の客室数
- in チェックインの時間
- out チェックアウトの時間

■ 地図のマーク

- ★ 観光・見どころ
- 卍 寺院
- ⛩ 神社
- ✝ 教会
- Ⓡ 飲食店
- Ⓒ カフェ・甘味処
- Ⓢ ショップ
- SC ショッピングセンター
- H 宿泊施設
- i 観光案内所
- 道 道の駅
- ⚓ ビーチ
- ♨ 温泉
- 🚏 バス停

旅のきほん 1

エリアと観光のポイント
沖縄はこんな島です

理想の沖縄旅を思い描き、訪ねたいスポットの場所を確認。
各エリアの特色もつかんでおきたい。

まずは沖縄観光の拠点から
那覇・首里 ➡ P.90
なは・しゅり

本土からの玄関口・那覇空港がある。活気ある繁華街・国際通りを歩いたら、世界遺産の首里城公園へ。

| 観光の
ポイント | 国際通り
首里城公園 |

ドライブにぴったりなシーサイド
西海岸リゾートエリア ➡ P.116
にしかいがんリゾートエリア

リゾートホテルが集まる海沿いの一帯。万座毛や残波岬などの、オーシャンビュースポットは必訪。夕日もきれい。

| 観光の
ポイント | 万座毛
残波岬公園 |

透き通った海が美しい国立公園
慶良間諸島 ➡ P.72
けらましょとう

大小20余りの島からなり、海の透明度の高さで有名。2014年には国立公園に指定された。那覇から日帰りも可能で、ツアー利用も便利。

| 観光の
ポイント | 座間味島
ナガンヌ島 |

伊江島
伊江島空港 伊江村
沖縄美ら海水族館
本部町
水納島
瀬底島
万座毛
恩納村
西海岸リゾートエリア
屋嘉IC
残波岬公園
石川IC
座喜味城跡
やちむんの里
本島中部
東海岸
読谷村
沖縄北IC
嘉手納町
うるま市
沖縄南IC
沖縄市
北谷町
勝連城
美浜アメリカンビレッジ
北中城IC
北中城村
中城城跡
宜野湾市 中城村
浦添市
西原IC
那覇・首里
西原JCT 西原町
国際通り 首里城公園
那覇IC
那覇空港 那覇市 与那原町
南風原町
斎場御嶽
豊見城市 南城市 久高島
八重瀬町 コマカ島
おきなわワールド
文化王国・玉泉洞
糸満市
本島南部
平和祈念公園

ナガンヌ島
座間味島
座間味村
阿嘉島
渡嘉敷村
慶留間島
慶良間空港 渡嘉敷島
外地島
慶良間諸島

手つかずの大自然にふれる
やんばる ➡ P.126

亜熱帯のジャングルが広がる。山や森を歩くネイチャーツアーに参加すれば、珍しい植物や生物に出会える。

観光のポイント 辺戸岬／慶佐次川

アメリカンカルチャーを感じて
本島中部・東海岸 ➡ P.118
ほんとうちゅうぶ・ひがしかいがん

アメリカの雰囲気漂うエキゾチックなスポットが見どころ。海中道路を渡って、離島をドライブしてもよい。

観光のポイント 海中道路／美浜アメリカンビレッジ

大人気の水族館は外せない
本部半島・名護 ➡ P.124
もとぶはんとう・なご

沖縄美ら海水族館周辺エリア。古宇利島へ続く橋や、沖縄そば店が集まる街道も併せて巡りたい。

観光のポイント 沖縄美ら海水族館／古宇利島

パワースポットや戦跡が待つ
本島南部 ➡ P.108
ほんとうなんぶ

戦没者を追悼し、平和の大切さを伝える公園や、琉球神話に登場する聖地など、神聖な場所が点在。

観光のポイント 斎場御嶽／平和祈念公園

13

旅のきほん 2

那覇を起点に車で動く
沖縄本島を移動する

公共交通機関は、バス、タクシー、ゆいレールのみ。
島内各所の距離感、所要時間の感覚をつかんでおこう。

沖縄の道路交通の基幹となるのが、南北の中心都市である那覇と名護を結んで本島を中央を縦断する沖縄自動車道。那覇から中部、北部へのアクセスに便利な道路だ。一般道では、那覇から本島最北端までを結ぶ国道58号が基幹道路となる。周辺に浮かぶ島々へは、橋や道路によって結ばれているところもあり、海上の道はいずれも格好のドライブコースになっている。

路線バスについては、P.172〜173を参照。

那覇空港〜沖縄美ら海水族館
94km／約1時間50分
沖縄自動車道利用

許田IC〜沖縄美ら海水族館
28km／約50分

許田IC〜万座ビーチ
16km／約20分

那覇空港〜残波岬
36km／約1時間10分

那覇空港〜万座ビーチ
48km／約1時間

残波岬〜万座ビーチ
22km／約35分

那覇空港〜美浜アメリカンビレッジ
20km／約40分

万座ビーチ〜美浜アメリカンビレッジ
30km／約40分

那覇空港〜海中道路
40km／約1時間20分

那覇空港〜平和祈念公園
20km／約30分

那覇空港〜斎場御嶽
28km／約55分

旅のきほん 3

訪ねる時期によって、花や恒例行事などさまざま
沖縄トラベルカレンダー

南国の印象が強い沖縄だが、冷え込むときも。時期ごとの気候を確認し、服装の準備などに役立てて。イベントやビーチの遊泳期間も、併せて確認を。

	1月	2月	3月	4月	5月	6月
気候	10℃を下回ることは珍しいものの、北風が強く気温より寒く感じる。	一年で最も寒い時期。ホエールウォッチングの最盛期でもある。	暖かくなりはじめ、沖縄各地のビーチで海開きが始まる。	初夏の気候に。天気も安定していて、観光しやすい時期。	暖かいが、まだ水温が低い。ゴールデンウィーク後には梅雨入り。	中旬〜下旬の梅雨明けとともに、真夏の気候に。日差しも強い。
月平均気温(℃)	17.0	17.1	18.9	21.4	24.0	26.8
月平均降水量(mm)	107.0	119.7	161.4	165.7	231.6	247.2

- 旧暦2〜3月の初夏の頃は「うりずん」と呼ばれ、一年で最も快適な季節
- 日中はTシャツでも大丈夫だが、薄手の羽織りものがあると安心
- 5月10日前後〜6月20日前後くらいが梅雨の季節になる
- コートやジャケットなど防寒着もしっかり用意しておきたい

イベント

1〜3日 首里城公園「新春の宴」
琉球王国時代の正月儀式を、首里城(P.96)正殿前御庭で再現。琉球舞踊や地域に伝わる民俗芸能も披露される。

16〜31日 本部八重岳桜まつり
八重岳入口から山頂への沿道周辺に咲く、カンヒザクラが楽しめる。八重岳の中腹にある公園ではイベントも行われる。

上旬 今帰仁グスク桜まつり
今帰仁城跡(P.101)で開催され、期間中は城壁がライトアップされ幻想的な雰囲気に。

上旬〜中旬 東村つつじまつり
本島北部、東村の村民の森ツツジ園で行われるイベント。赤、ピンク、白の色とりどりのツツジが、来場者の目を楽しませる。

中旬 島ぜんぶでおーきな祭（沖縄国際映画祭）
那覇市、宜野湾市、北谷町、浦添市、沖縄市、豊見城市ほか沖縄県内各所で映画上映などを行う。

3〜5日 那覇ハーリー
豊漁や海の安全を願うお祭り。3日と5日には爬龍船(はりゅうせん)の競漕、4日には無料の乗船体験を実施。期間中は、毎晩花火が上がる。

13日 糸満ハーレー
糸満の年中行事。ハーレー競漕はもちろん、海に放ったアヒルを捕まえるアヒル競争も名物。

23日 沖縄全戦没者追悼
戦没者を悼み、世界恒久平和を願う式典。当日と前日には、サーチライトを天空に照らす「平和の光」が点灯される。

花・食

- カンヒザクラ 1月〜2月中旬
- 島ニンジン 11〜2月
- モズク 3〜9月
- デイゴ 4〜5月
- モズク
- パイナップル 6〜
- マンゴー 5〜8月

↑カンヒザクラ

↑島ニンジン

↑マンゴー

↑モズク

↑プルメリア

↑ハイビスカス

↑ブーゲンビリア

↑デイゴ

7月	**8**月	**9**月	**10**月	**11**月	**12**月
温は30℃を超え夏真っ盛り。マリンレジャー満喫したい。	沖縄観光のトップシーズンだが、台風が多い時期でもある。	月の後半になって、やっと気温が下がり始める。大型の台風に注意。	台風も少なく天候が安定している。まだ海水浴も楽しめる。	穏やかな天候。朝晩は冷え込む。ほとんどのビーチは遊泳期間外。	日も短くなり、冬の訪れを感じる。年末前までは旅費が安い。

28.9　28.7　27.6　25.2　22.1　18.7

半袖短パンでOK。帽子や日焼け止めなど紫外線対策を忘れずに

日中は暖かいが、朝晩の冷えに対応できるようパーカーなどを用意

141.4　240.5　260.5　152.9　110.2　102.8

日	27〜29日	22・23日	10日	下旬	5日
洋博公園マーフェスティバル	沖縄全島エイサーまつり本島各地から選抜された青年会などの団体がコザに集まって、伝統芸能エイサーを披露する。県内最大のエイサーまつり。	首里城公園「中秋の宴」中国の使者「冊封使」をもてなすための宴を再現したもの。月明かりの下、首里城(P.96)正殿の前で古典舞踊などが披露される。**21日** **糸満大綱引**沖縄三大綱引き(ほかは那覇、与那原)のひとつ。綱作りとパレードのあと、綱引を行う。	那覇大綱挽まつり2日目の「大綱挽」は、県内最大の文化イベント。大綱は全長200mで「世界一の藁綱」として、ギネス認定。27万人余の観衆で盛大に行われる。	沖縄国際カーニバルコザ・ゲート通り周辺で実施されるイベント。「国際大綱挽」や、市民が参加する「カーニバルパレード」などが見どころだ。**下旬** **壺屋陶器まつり**那覇の壺屋(P.156)の小学校に、県内の工房が集まって、焼物作品を特別価格で展示販売。陶工たちの陶器作りレースなども。	NAHAマラソン国内でも最大規模の市民マラソン。コースは、那覇市を含む本島南部の5市町を通り抜ける、42.195km。県外からの参加者も多い。

ドライフルーツ 8〜9月
ウリズン豆 9〜11月
島ニンジン 11〜2月

パイナップル

↑ドラゴンフルーツ

↑ウリズン豆

※イベントは日程は変動することがありますので、事前にHPなどでご確認ください。

プレミアム滞在モデルプラン
沖縄 おとなの2泊3日

レンタカーを利用すれば、島内の移動も楽々。人気の観光地はもちろん、独特の自然や歴史に彩られる沖縄の魅力を存分に満喫しよう。日数に余裕があれば、座間味島もおすすめ。

↑赤瓦屋根が木々の緑に映えて美しい、おきなわワールド 文化王国・玉泉洞

1日目

島内南部の人気観光スポットを巡る
空港から近い南部エリアの観光スポットを巡り、西海岸リゾートエリアのホテルへ

8:35 空港到着
　約50分
　空港到着後、レンタカー会社の営業所へ。那覇空港自動車道、国道331号などを経由

10:30 斎場御嶽
　約5分・700m
　国道331号などを経由

11:30 知念岬公園
　約20分
　県道86号を利用して、ニライ橋・カナイ橋を経由

12:30 おきなわワールド 文化王国・玉泉洞
　約12分
　国道331号経由

15:00 平和祈念公園
　約1時間30分(豊崎経由)
　時間に余裕があれば、豊崎美らSUNビーチなどにも立ち寄ろう。豊崎からは那覇空港自動車道、沖縄自動車道を経由して西海岸リゾートエリアのホテルへ

18:00 ホテルへ

＼夜はホテルでリラックス／

神々が住むパワースポット 斎場御嶽 を訪れる
斎場御嶽 ➡P.108
せーふぁうたき
世界遺産に登録されている、沖縄最高峰の聖地。なかでも2枚の巨石でできた三庫理は見ておきたい。

知念岬公園 から太平洋の絶景を望む
知念岬公園 ➡P.113
ちねんみさきこうえん
知念岬の東端に位置する景勝地。沖合に久高島やコマカ島を望むことができる。公園近くのニライ橋・カナイ橋も人気絶景スポット。

ニライ橋・カナイ橋と海を一望する

琉球文化の魅力が揃った おきなわワールド 文化王国・玉泉洞 へ
おきなわワールド 文化王国・玉泉洞 ➡P.114
おきなわワールド ぶんかおうこく・ぎょくせんどう
「琉球王国城下町」で、昔の沖縄の街並みを歩き、伝統工芸を体験。エイサーのパフォーマンスや、国内最大級の鍾乳洞・玉泉洞も見逃せない。

平和祈念公園 で平和の尊さを改めて実感
平和祈念公園 ➡P.110
へいわきねんこうえん
沖縄戦終焉の地にある公園。ひめゆりの塔へは、ここから車で5分。

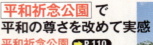

プランニングのアドバイス
那覇空港から近い、島内南部を周遊。レンタカーの予約は、早めにしておこう。また繁忙期は、営業所での手続きに時間がかかることもあるので、時間には余裕をもって。このプランでは、宿泊は西海岸リゾートエリアを想定。夕食はホテルか、那覇市内で済ませておこう。

2日目

本部半島をひと巡りして人気スポットへ

沖縄美ら海水族館など、一度は訪れておきたいスポットが集まる人気エリアへ

スケジュール

9:00 ホテルスタート
- 約40分
- 国道58号を経由し、真喜屋交差点から県道110号。奥武島、屋我地島を経て古宇利大橋へ

9:40 古宇利島
- 約40分
- 古宇利島一周は15分ほど。その後、国道505号を経由

11:40 今帰仁城跡
- 約10分
- 県道115号経由。途中、本部町役場界隈でランチ

13:30 備瀬のフクギ並木
- 徒歩すぐ

14:30 沖縄美ら海水族館
- 約50分
- 国道449号、国道58号などを経由

20:30 ホテルへ

ランチは本部そば街道で!

プランニングのアドバイス

沖縄美ら海水族館へは、入館料割引が適用される16時以降に入館するようプランニング。ランチは、今帰仁城跡から「本部そば街道」方面に向かい、沖縄そばを満喫。瀬底島に足をのばしてみるのもよい。午前中はホテルでくつろいで過ごすのもおすすめ。

恋の島といわれる 古宇利島 を周遊 ➡P.125

古宇利大橋 MAP 付録P.5 F-2
こうりおおはし

橋の手前にある展望所から、橋と青い海、その先の島を一望することができる。

ハート岩 MAP 付録P.5 F-2
ハートいわ

古宇利島の北部、ティーヌ浜にあるハート形の岩。

沖縄県内で最大級のグスク 今帰仁城跡 を見る

今帰仁城跡 ➡P.101
なきじんじょうせき

琉球王国成立以前に築かれた北山王の居城。全長1.5kmにおよぶ城壁は圧巻。周辺はカンヒザクラの名所でもある。

巨木のトンネル 備瀬のフクギ並木 を散策

備瀬のフクギ並木 ➡P.125
びせのフクギなみき

台風などから周囲の住居を守る防風林として植えられたフクギの並木。なかには樹齢300年以上のものもあるという。

いちばんの人気スポット 沖縄美ら海水族館 へ

沖縄美ら海水族館 ➡P.61
おきなわちゅらうみすいぞくかん

16時以降の入館は、入館料が割引になる「4時からチケット」が利用できる。オキちゃん劇場で15時からのイルカショーを見てから入館を。

水槽の中を悠々と泳ぐ海の生き物たち

3日目

賑わう国際通りや首里城を巡る

沖縄最終日は、おみやげ探しを兼ねて、やちむんの里や国際通り周辺を散策

9:00	ホテルスタート
↓	約20分 国道58号経由
9:20	万座毛
↓	約25分 国道58号経由
10:00	やちむんの里
↓	約40分 国道58号、沖縄自動車道などを経由
12:10	首里城公園
↓	20分 県道29号を経由
13:20	国際通り
↓	徒歩すぐ
15:00	那覇市第一牧志公設市場（仮設）
↓	約15分 国道58号を経由
17:00	空港へ

プランニングのアドバイス

最終日はホテルをチェックアウトしたら、沖縄の焼物の産地「やちむんの里」などに立ち寄り、那覇市内へ。首里城公園を散策したら、最後は国際通りでおみやげ探し。フライトの時間に遅れないようにレンタカーを返却して空港へ向かおう。

万座毛 から望む紺碧の海に感激

万座毛 ➡P.117
まんざもう

青い海に突き出した、高さ20mほどの隆起サンゴの断崖は圧巻。断崖の上は平坦で、遊歩道が設けられており散策できる。時間帯によりさまざまな姿を見せてくれる。

やちむんの里 で沖縄の陶器・陶芸を探す

やちむんの里 ➡P.154
やちむんのさと

やちむんとは、沖縄の陶器・陶芸のこと。読谷村には数多くの窯が集まるエリアあり、直売もしている。

琉球王国の中枢 首里城公園 を見学

首里城公園 ➡P.96
しゅりじょうこうえん

琉球王国の中心。2019年の火災以降、見学できる場所は限定されている。

首里金城町石畳道 ➡P.99
しゅりきんじょうちょういしだたみみち

16世紀に造られた琉球石灰岩の石畳。沖縄戦で多くが損壊したが、今も約300mほどが往時の姿をとどめている。

賑わう南国の繁華街 国際通り でおみやげ探し

国際通り ➡P.90
こくさいどおり

那覇のメインストリートで、周辺は観光客で賑わいをみせる繁華街。おみやげにグルメに楽しめる。

のんびり繁華街を散策

「那覇の台所」 那覇市第一牧志公設市場

那覇市第一牧志公設市場（仮設） ➡P.40
なはしだいいちまきしこうせついちば（かせつ）

沖縄本土が復帰した1972年に建設された市場。現在はリニューアル工事のため、仮設市場で営業している。

島内北部、やんばるの大自然を巡るコース

沖縄が誇る自然の宝庫へ。本部から本島最北端の辺戸岬へは車で80分ほど

+1日 本島北部への旅

8:30	ホテルスタート
↓	約40分+駐車場から徒歩40分 西海岸リゾートエリアからの場合、国道58号経由
10:20	比地大滝
↓	駐車場まで徒歩40分+約40分 国道58号を経由
12:30	茅打バンタ
↓	約3分
13:10	大石林山
↓	約1時間30分 国道58号経由
16:00	ホテルへ

プランニングのアドバイス
比地大滝へはツアーに参加するのもいい。本島最北端の辺戸岬へ足をのばすのもおすすめ。

亜熱帯の森を歩き 比地大滝 へ
比地大滝 ➡ P.87
ひじおおたき

ゲートとなる比地大滝キャンプ場から遊歩道を約40分歩くと滝に到着。落差26mで、本島で最大で、見応えがある。

茅打バンタ から眺める絶景 伊平屋島や伊是名島を望む
茅打バンタ ➡ P.126
かやうちバンタ

高さ約80mの断崖絶壁が続く。眼下には宜名真漁港があり、展望台から一望できる。

琉球王朝の神話の舞台 大石林山 でトレッキング
大石林山 ➡ P.88
だいせきりんざん

熱帯のカルスト地形で、周辺には40を超える聖地(拝所)がある。ツアーも催行されている。

慶良間諸島の美しい海を満喫する

高速船で1時間弱の慶良間諸島。美しいサンゴの海を体感しよう

+1日 慶良間諸島への旅

9:00	那覇泊港
↓	約50分 高速船利用
9:50	座間味港
↓	徒歩すぐ
10:00	ケラマカヤックセンター
↓	ツアー参加
16:20	座間味港
↓	約50分 高速船利用
17:10	那覇泊港

ケラマブルーの海を遊ぶ シーカヤック&シュノーケル に挑戦
ケラマカヤックセンター ➡ P.73

シーカヤックが初めてでもレクチャーからスタートするので初心者でも参加しやすい。レベルに合わせて対応してくれる。上陸した無人島でのランチなど楽しみがいっぱい。

プランニングのアドバイス
繁忙期は混み合うので、ツアー会社などに早めに予約を入れておきたい。また気象状況により那覇〜座間味間の航路が欠航になる場合やツアーが中止になる場合もあるので、事前に情報を収集しておこう。スケジュールに余裕があれば、座間味諸島に宿泊するのもおすすめ。ホエールウォッチングは1〜3月がシーズンだ。

❖ OKINAWA NEWS & TOPICS 2021-2022

ニュース＆トピックス

斬新なエンターテインメント水族館や個性的な店舗が集まる大型商業施設などが続々オープン。交通の利便性もアップして、ますます進化を続ける沖縄の最新情報をチェックしておこう。

2020年5月オープン

海洋生物が回遊する大水槽。迫力ある大海原の景色が目の前に

大水槽を上から観察できるエリア（上）と、音と光で幻想的なクラゲエリア（下）

最新技術と演出に注目
DMMかりゆし水族館

最先端の映像表現と空間演出を駆使した新しいカタチの水族館。海や森で暮らす多様な生物の展示はもちろん、バーチャルとリアルが融合した臨場感あふれる仕掛けも見もの。

DMMかりゆし水族館
ディーエムエムかりゆしすいぞくかん

豊見城 MAP 付録P.10A-3
☎なし 所豊見城市豊崎3-35 開10:00～21:00 休無休 ¥2400円 交豊見城・名嘉地ICから約4km P3000台

砂や岩に隠れる小さな熱帯魚などを観察できる個水槽エリア

歴史ある市場が再生
糸満市場いとま〜る

1955年から人々の暮らしを支えてきた糸満市の公設市場がリニューアル。旧市場から移転した精肉店や鮮魚店に加え、新たな雑貨店や飲食店などがオープン。

糸満市場いとま〜る
いちまんまちぐゎあいとま〜る

糸満 MAP 付録P.19E-4
☎098-987-1037 所糸満市糸満989-83 開9:00～18:00（店舗により異なる）休無休（店舗により異なる）交那覇空港ターミナルから約9km P57台

2020年7月オープン

老朽化のために取り壊された糸満市公設市場の跡地に誕生

大規模な商業施設
イーアス沖縄豊崎

2020年6月オープン

美らSUNビーチに面した大型ショッピングモール。水族館や屋上テーマパークなどのアミューズメント施設も充実。

イーアス沖縄豊崎
イーアスおきなわとよさき

豊見城 MAP 付録P.10A-3
☎098-840-6900 所豊見城市豊崎3-35 開10:00～21:00（レストラン、カフェ11:00～23:00）、店舗により異なる 休無休 交豊見城・名嘉地ICから約4km P3000台

沖縄初出店のショップやおしゃれなカフェなどが集結

沖縄のグルメを満喫
オキナワ ハナサキマルシェ

アラマハイナ コンドホテルに併設された商業施設。沖縄の食の魅力を集めたグルメエリアをはじめ、名産品を扱うショップやイベントスペースなどがある。

オキナワ ハナサキマルシェ
本部 MAP 付録P.4 C-2
☎0980-51-7600 所本部町山川1421-5 休施設により異なる 交許田ICから約28km P411台

2019年3月オープン

新鮮な地魚料理をはじめ、地元の食材を使ったメニューがずらり

南国リゾートの雰囲気に包まれた、本部町の新しいランドマーク

敷地内を散策しながら、多彩なショップを見て歩くのが楽しい

洗練されたファッション系のショップなどにも注目

本部へのアクセス向上
海からぐるっとExpress

那覇と本部町を75分で結ぶ高速船が就航。渋滞のない交通手段としてだけでなく、手軽に船旅が楽しめる観光資源としても注目を集める。海から見渡す景勝地の風景は格別。

海からぐるっとExpress
うみからぐるっとエクスプレス

那覇 MAP 付録P.14 C-2(那覇港泊ふ頭)
本部 MAP 付録P.4 C-3(渡久地港)
☎098-860-0152(第一マリンサービス) 所(チケット販売所、乗り場)那覇市泊3-1-3、本部町茶谷29 営1日2〜3往復 料無休 料那覇〜本部片道3000円、往復5400円 交那覇港へは、那覇空港からタクシーで15分。渡久地港へは、海洋博公園からタクシーで15分

首里〜てだこ浦西間
ゆいレール が延伸

沖縄都市モノレール「ゆいレール」が約4.1km延伸され、4つの新駅が開業。新たな終着駅「てだこ浦西駅」には1000台規模の駐車場が設置され、車からの乗り継ぎが便利に。

ゆいレール
☎098-859-6601(那覇空港駅)

2020年6月就航

船内に自転車置き場を完備。客席の大きな窓から海を一望

景勝地の残波岬や瀬底大橋などを眺めながら優雅にクルージング

2019年10月延伸

新たな交通拠点として整備が進む終点の「てだこ浦西駅」

亜熱帯の大自然に感動
沖縄の絶景をめぐる

旅行気分を盛り上げる沖縄絶景を見に行こう

コバルトブルーにきらめく海、マングローブ林やフクギ並木…。
雄大な自然が織りなす造形美や暮らしのなかから生まれた景観など、
心揺さぶる南国風景に出会う。

古宇利島北部のティーヌ浜にあるハートロック

特集●沖縄の絶景をめぐる

いつまでも眺めていたい
美ら海を望む
ちゅらうみ

Okinawa's Beautiful Sea

B 「幸せ岬」とも呼ばれる
果報バンタ かふうバンタ
うるま MAP 付録P.7D-4
ぬちまーす観光製塩ファクトリー内にある断崖絶壁。眼前にエメラルドグリーンの海原が広がる。
☎098-983-1140 所うるま市与那城宮城2768 交沖縄北ICから約23km Pあり

C 海と緑が映える「沖縄の松島」
嵐山展望台 あらしやまてんぼうだい
名護 MAP 付録P.5 E-3
古宇利島や屋我地島の浮かぶ羽地内海ややんばるの山並みなど、変化に富む絶景が魅力。沖縄八景のひとつ。
☎0980-58-2446(嵐山展望台売店) 所名護市呉我1460-2 交許田ICから約14km Pあり

美ら海を望む

A クリアなビーチと伝説の島
古宇利島 こうりじま ➡P.125
古宇利島 MAP 付録P.5F-2
琉球版アダムとイブの伝説が残り、ハート形の岩がある「恋の島」。本島屈指の透明度を誇るビーチが点在。島へは、海のパノラマ風景が楽しめる古宇利島大橋で向かう。
交許田ICから約24km

D 天空の絶景ロード
ニライ橋・カナイ橋　➡P.113
ニライばし・カナイばし

南城 MAP 付録P.10 C-3

ニライカナイとは、沖縄の言葉で「海の彼方の理想郷」。高低差約80ｍの断崖を、カーブを描きながら結ぶ2本の橋は、沖縄本島南部きってのドライブコース。
🚗 南風原北ICから約15km

特集●沖縄の絶景をめぐる

E やんばるのビュースポット
茅打バンタ　かやうちバンタ

国頭 MAP 付録P.3 E-1　➡P.126

国頭村宜名真に位置する景勝地。バンタとは沖縄方言で「崖」を意味し、高さ約80ｍの断崖が東シナ海へ向かって切り立つ。展望台から絶景が望める。
🚗 許田ICから約52km

F 伝説と絶景を訪ねて
浜比嘉大橋　はまひがおおはし

うるま MAP 付録P.7 D-4

沖縄本島と平安座島を結ぶ海中道路を経て、そこから浜比嘉大橋を渡れば、神々が住むと伝承される浜比嘉島へ。島内には、昔ながらの集落や拝所が残る。
🚗 沖縄北ICから約18km

人気ダイビングスポットの青の洞窟

G ダイビングも楽しめる
真栄田岬 まえだみさき ➡ P.117
恩納 MAP 付録P.8 B-3

本島北部の恩納村にあり、展望台から東シナ海を一望できる。遊歩道があり、階段で海岸まで下りることもできる。人気ダイビングスポット「青の洞窟」もすぐ近く。
石川ICから約7km

H 自然がつくり出したダイナミックな景観
残波岬公園 ざんぱみさきこうえん ➡ P.116
読谷 MAP 付録P.8A-3

高さ30mもの隆起サンゴの断崖が約2kmにわたって続き、紺碧の海と白い灯台とのコントラストが美しい。岬一帯が、沖縄海岸国定公園に指定されている。
石川ICから約14km

I 沖縄屈指の景勝地
万座毛 まんざもう ➡ P.117
恩納 MAP 付録P.9 D-2

琉球王朝時代、尚敬王が「万人を座するに足る」と賞賛したといわれる。隆起サンゴの断崖に打ち寄せる白い波と青い海、天然芝が織りなす景観が多くの人を魅了。
屋嘉ICから約7km

美ら海を望む

沖縄の絶景をめぐる
心癒やされる風景に出会う
緑のなかへ
Parks & Nature

樹齢300年ほどの木々も残るという

A 爽やかで絵になる散歩道
備瀬のフクギ並木
びせのフクギなみき
本部 MAP 付録P.4 C-2 ➡ P.125

台風から家々を守る防風林として植えられたフクギが集落を囲む。緑のトンネルが続く並木道は、木陰が心地よい格好の散策スポット。
🚗 許田ICから約29km

特集●沖縄の絶景をめぐる

B 歴史に彩られる風景
今帰仁城跡
なきじんじょうせき
今帰仁 MAP 付録P.5 D-2 ➡ P.101

琉球統一前に築かれた世界遺産の城跡。高所から見下ろせば、曲線を描く石積みの城壁と緑、青い海の壮大なコントラストを楽しめる。
🚗 許田ICから約26km

C 神聖な空気が流れる聖地
斎場御嶽 せーふぁうたき
南城 MAP 付録P.10 C-3　➡ P.108

沖縄には聖地である御嶽が数多く点在するが、そのなかで最高位とされるのが斎場御嶽。鬱蒼とした緑の森と巨岩が、御嶽全体に神秘的な雰囲気を醸し出している。

🚗 南風原南ICから約16km

D 緑と滝でリフレッシュ
比地大滝 ひじおおたき
国頭 MAP 付録P.3 E-3　➡ P.87

亜熱帯の森にある落差約26mの滝。片道約45分の遊歩道が整備されており、最奥部に清涼感満点の巨大な滝が現れる。初心者でも気軽にジャングルトレッキングを楽しめる。

🚗 許田ICから約37km

E 本島最大級のマングローブ林
慶佐次川のマングローブ げさしがわのマングローブ
東 MAP 付録P.3 D-4　➡ P.84

ヤエヤマヒルギなど、国の天然記念物に指定された希少なマングローブ植物が生息。展望台や遊歩道から見学できるほか、慶佐次川でのマングローブカヌーツアーが行われている。

※各社催行のマングローブツアーに参加

F 地下に広がる幻想世界
玉泉洞 青の泉 ぎょくせんどう あおのいずみ
南城 MAP 付録P.10 B-3　➡ P.114

100万本以上の鍾乳石が林立する国内最大級の鍾乳洞。全長5kmのうち890mを公開。一年中ひんやりとした洞窟内部を進むと、幻想的にライトアップされたブルーの泉が現れる。

🚗 南風原南ICから約6km

緑のなかへ

抜群の眺望と
ほっこり空間にココロ和む
海カフェ&森カフェ

真っ青な海や、豊かに生い茂った緑。
沖縄が誇る自然の風景を心ゆくまで楽しみ、
おいしいごはんやスイーツでのんびりできるカフェへ。

特集 ●海カフェ&森カフェ

海を望む素敵な時間
海カフェ
浜辺から、高台から、沖縄の海を一望する心地よいカフェ

丘の上で人々を温かく出迎える
感動のパノラマと手作りピザ

ピザ喫茶 花人逢
ぴざきっさ かじんほう

本部 **MAP** 付録P.5 D-2

1998年の創業以来、人気を誇る古民家カフェ。山の小道を抜けた先に待ち受けるのは、伊江島や瀬底島を見渡すパノラマ。どこか懐かしい和みの空間で、名物の焼きたてピザをほおばって。

☎ 0980-47-5537
所 本部町山里1153-2　営 11:30〜19:00
休 火・水曜　交 許田ICから約25km　P 40台

1.やんばるの海と森と風を感じられる場所 2.沖縄らしい古民家を利用 3.ゆったりとした島時間が流れる店内 4.創業当時からのレシピで作られるピザ(中)2300円。もっちりとした生地にチーズがたっぷり。本部産アセロラ生ジュースもおすすめ

心を潤す美しい景色を前に
アジアの中の沖縄を味わう

cafe CAHAYA BULAN
カフェ チャハヤ ブラン

本部 **MAP** 付録P.4 C-2

備瀬のフクギ並木の入口にある隠れ家カフェ。海に向かって開かれた店内からは、伊江島が浮かぶワイドな水平線を一望。アジアの香りが漂う空間で、至福のひとときをどうぞ。

☎0980-51-7272
所 本部町備瀬429-1　営 12:00〜16:30(LO)
休 水・木曜　交 許田ICから約28km
P あり(共用)

1.落ち着いた雰囲気の店内 2.海をそばに感じられるテラス席 3.沖縄とアジア各国の食材が調和した新たなおいしさに出会える。ラフテー丼(海ぶどうトッピング)1430円 4.ドラゴンフルーツの自家製スムージー

海カフェ

潮風渡るリゾート空間で
気分も上がる鮮やかメニューを

WaGyu-Café KAPUKA
ワギュウカフェ カプカ

北谷 **MAP** 付録P.11 D-2

海を目の前にしたロケーションを贅沢に満喫できるカフェ。国産牛をはじめ、野菜やフルーツをふんだんに用いて目にも鮮やかに仕上げた料理は、ヘルシー志向の女子にも好評。

☎098-923-5010
所 北谷町美浜51-1 マカイリゾート1F
営 9:00〜22:00　休 無休　交 沖縄南ICから約5km　P あり(提携駐車場利用)

1.窓側ハンギングチェアやテラス席が人気 2.美浜アメリカンビレッジ近くの海岸沿い 3.ステラのレインボーブレッド 4.ローストビーフサラダボウル1298円。たっぷりのサラダにクロワッサンやスープなどがセットに

オン・ザ・ビーチの特等席で楽しむ香り高いネパールカレー
食堂かりか
しょくどうかりか

南城 MAP 付録P.10 C-4

天然ビーチ内にあり、客席は砂浜の上という爽快なロケーション。ネパール人のシェフ自慢のカレーは、注文を受けてから調理され、スパイスの豊かな香りが食欲を刺激する。

☎098-988-8178
所 南城市玉城百名1360 営 10:00～20:00(LO、水曜は15:00LO、11～4月は17:00LO) 休 11～4月の水曜、荒天時 交 南風原南ICから約12km P 15台(食事をされた方は90分無料)

1.貝殻で飾られたパーラー風の店 2.海を眺めながら味わうカレーは格別 3.オープンエアの客席はどこも特等席 4.インドで修業を積んだシェフが腕をふるう 5.おまかせ2種のカレーが楽しめるかりかスペシャル1350円

眼前に広がる絶景で心をうるおし島野菜で体に元気を与える
カフェこくう

今帰仁 MAP 付録P.5 D-2

遮るものがない高台に建ち、パノラマに広がる海を眺めながら食事が楽しめる。島野菜で作った惣菜8品が沖縄の器にかわいらしく盛り付けられた「こくうプレート」が一番人気。

☎0980-56-1321
所 今帰仁村諸志2031-138 営 11:30～18:00(LOフード16:30、ドリンク17:00) 休 日・月曜 交 許田ICから約27km P 30台

1.まるで水平線の上に建っているかのよう 2.開放的な店内も眺望抜群 3.潮風を感じる縁側は特等席 4.こくうプレート1300円

特集 ● 海カフェ&森カフェ

高台から海を見下ろし
タイ人シェフの料理を味わう
カフェくるくま

南城 MAP 付録P.10 C-3

高台から太平洋を一望できるロケーションのカフェ。自社農場で栽培されたハーブやスパイス、地元で収穫された旬の野菜や果物を使った本場のエスニック料理が食べられる。

☎098-949-1189
所 南城市知念字知念1190 営11:00～16:00(LO) 土・日曜、祝日10:00～17:00(LO) 休無休 南風原ICから約15km P50台

1.季節の花が咲く緑豊かなエントランス 2.人気のテラス席。エメラルドブルーの海を見渡せる 3.3種類のカレーが楽しめるくるくまスペシャル1727円 4.カウンター席に面した大きな窓の向こうには大海原が広がる

海カフェ

波打ち際のロケーション
まさにオーシャンフロント
浜辺の茶屋
はまべのちゃや

南城 MAP 付録P.10 C-4

海岸沿いの入口から階段を下りると、大きな窓が開放された店内に。目の前には遠浅の海が広がり、心地よい潮風を感じながら、軽食や手作りのケーキ、コーヒーなどを楽しめる。

☎098-948-2073
所 南城市玉城字玉城2-1 営10:00(金曜8:00)～17:00(LO) 月曜14:00(祝日の場合は10:00)～17:00(LO) 土・日曜8:00～18:00(LO) 休無休 南風原南ICから約12km P30台

1.コンサートやヨガ教室など、イベントも随時開催している 2.野菜たっぷりのカンパーニュサンド605円 3.カウンター席からは窓越しに海が一望できる 4.天気の良い日はテラスでのんびり海を眺めたい

特集 ● 海カフェ&森カフェ

緑が眩しい癒やし空間
森カフェ
爽やかな風が吹き抜ける緑に包まれたカフェでひと休み

小高い山にある山小屋で
海を望みながら自然食を
山の茶屋 楽水
やまのちゃややらくすい

南城 MAP 付録P.10 C-4

石の階段を上り、店内へ。自然の岩肌を利用したダイナミックな空間が広がる。地産地消の沖縄郷土料理を中心に、体にやさしい料理を堪能できる。石窯で焼き上げたピザもおすすめ。

☎098-948-1227
所 南城市玉城字玉城19-1 営 11:00～17:00(LO16:00) 休 水・木曜 交 南風原南ICから約12km P 30台

1.森の中のテラス席。マイナスイオンたっぷり 2.自家製小麦を使用した楽水そば1155円 3.2階のカウンター席は海を見下ろす特等席

深緑が共演するテラスで
絶品の手作りピザを堪能

Café Ichara
カフェイチャラ

本部 MAP 付録P.5 E-3

熱帯林に囲まれながらいただく手作りピザが自慢。石窯で焼き上げたモッチリ食感の生地の上には地元の新鮮食材をたっぷりトッピング。地元の陶芸家による個性的な器が料理を彩る。

☎0980-47-6372
所 本部町伊豆味2416-1 営 11:30～17:00(LO16:15) 休 火・水曜 交 許田ICから約16km P 9台

1.大迫力の原生林が目の前に広がるテラス席 2.ログハウス風の店内 3.ご～や～ピザ(小)1300円、海ぶどうサラダ1000円

大人かわいいが詰まった
乙女心をくすぐるカフェ

CALiN cafe ＋ zakka
カラン カフェとザッカ

屋我地島 **MAP** 付録P.5 F-2

人気のドーナツ店「しまドーナッツ」の姉妹店。こちらでもドーナツをはじめ、オリジナルスイーツや野菜たっぷりのランチを楽しむことができる。雑貨コーナーでは県内の作家を中心にクラフト類が販売されている。

☎ 0980-52-8200
所 名護市運天原522　営 11:00～17:00
休 月曜　許田ICから20km　P 6台

1.木のぬくもりあふれる店内。奥の小上がりは靴を脱いでくつろげる 2.いろいろ欲しくなってしまう雑貨がずらり 3.しまドーナツと自家製アイスのドーナツパフェ520円 4.古民家をおしゃれにリノベーション。ピーコックブルーの壁が目印

森カフェ

森の中の食卓に招かれて
非日常のひとときを

森の食堂
smile spoon
もりのしょくどう スマイルスプーン

本部 **MAP** 付録P5 E-3

山の緑を背にたたずむ白い建物は、まるでおとぎ話の世界に迷い込んだよう。アンティーク調の家具が配された優雅な雰囲気の店内では、手間ひまかけた料理をコース仕立てで楽しめる。

☎ 0980-47-7646
所 本部町伊豆味2795-1
営 11:00～17:00 (L.O.16:00)
休 水曜　許田ICから約15km
P 10台

1.前菜2品、メイン(肉or魚)、デザート、飲み物の週替わりコース(写真は魚料理1800円) 2.木洩れ日が差し込む居心地のいい店内 3.森の中の一軒家。庭には手作りのツリーハウスやブランコも

富士家スタイルで楽しむ
こだわりの沖縄ぜんざい
富士家 泊本店
ふじや とまりほんてん

那覇 MAP 付録P.14 C-2

老若男女に愛されるぜんざいは、豆の煮汁を凍らせた氷と、ふっくらツヤツヤに仕上げた大きい豆が特徴。カフェのような広い店内は、ひと休みにぴったり。駐車場完備もうれしい。

☎098-869-4657
所 那覇市泊2-10-9 営 11:00～20:00(10～5月は～19:00) 休 無休 交 ゆいレール・美栄橋駅から徒歩11分 P 15台

富士家ぜんざい 420円
金時豆の器に氷を少しずつ入れて食べるスタイル。亀せんべいの塩気とも絶妙にマッチ。ミニサイズもあり

サーフボードなどが飾られ、遊び心満点！

カラフルな壁の
ペイントアートが目印

特集●トロピカル・スイーツ

南国ならではの「おいしい」がいっぱい
トロピカル・スイーツ

甘く煮た金時豆入りの沖縄流ぜんざいや、果実をたっぷり使ったアイスのパフェなど、おいしくてヘルシーなスイーツが勢揃い。

ひんやり、あま～い、やさしい味わい
沖縄ぜんざい・かき氷

観光客にも人気の老舗
メニューは氷ぜんざいのみ！
新垣ぜんざい屋
あらがきぜんざいや

本部 MAP 付録P.5 D-3

創業から50年以上変わらぬ味を守り続ける氷ぜんざい店。ふわふわした氷と黒糖蜜を絡めた金時豆のバランスが絶妙。

☎0980-47-4731
所 本部町渡久地11-2 営 12:00～18:00(売り切れ次第終了) 休 月曜(祝日の場合は翌日) 交 許田ICから約24km P あり

氷ぜんざい一筋！
行列のできる人気店

氷ぜんざい 300円
ていねいに作られた金時豆はふっくらとした食感。テイクアウトOK

券売機で食券を買ってみんなでいただこう

伊江島タッチューを眺めながら
フルーツ満載のスイーツを
fruit cafe 松田商店
フルーツ カフェ まつだしょうてん

本部 MAP 付録P.4 C-3

店主の父親が営む屋我地島の農園で採れたフルーツを贅沢に使ったスイーツが楽しめる。瀬底大橋手前のオレンジの建物が目印。

☎0980-43-6005
所 本部町健堅127 営 9:00～17:30(LOフード17:00、ドリンク17:30)、モーニング9:00～11:00、フード11:00～ 休 木曜 交 許田ICから約22km P 4台

島スムージー（マンゴー）620円
フルーツの濃厚なおいしさが味わえる。マンゴー・グァバ・パインの3種類

伊江島たっちゅーマウンテン 1000円
カフェから一望できる「伊江島タッチュー」をイメージして作ったかき氷

瀬底大橋や青い海を見渡せる立地も魅了！

おんなの駅で目覚める
果物&野菜のおいしさ
かき氷屋 琉氷
かきごおりや リュウヒン

恩納 MAP 付録P.8 C-3

「おんなの駅」にあるパーラー。契約農家から仕入れた果物など、旬の素材をたっぷり取り入れている。ふわふわのかき氷のほか、ぜんざいやジュース、アイスクリームもある。

道の駅にあるかき氷店。メニューが豊富

☎090-5932-4166
所 恩納村仲泊1656-9 営 10:00～19:00(LO、11月～2月は～18:00LO) 休 無休 交 石川ICから約4km P あり(おんなの駅駐車場利用)

フルーツたっぷりアイスマウンテン 1200円
マンゴーやパッションフルーツなど季節の果物たっぷりのハッピーサイズかき氷

創業時から人気のぜんざい
地元での支持率は圧倒的
千日
せんにち

那覇 MAP 付録P.14 B-3

世代を超えて愛されている県民の憩いの場。先代から受け継いだ雪のように仕上げる氷が、日頃の疲れをとかしてくれる。

☎098-868-5387
所 那覇市久米1-7-14 営 11:30～19:00(夏季は～20:00) 休 月曜(祝日の場合は翌日) 交 ゆいレール・旭橋駅から徒歩10分 P 2台

ミルク金時 500円
練乳をかけた沖縄ぜんざい。ふっくらやさしい甘さの金時豆がたっぷり

いちごミルク金時 550円
練乳＋イチゴシロップがけ。約20cmの高さでも、あっという間にぺろり

昔ながらの懐かしい雰囲気。いつも地元民で賑わう

100％自家製シロップをまとった
やさしい口どけのごちそうかき氷
喫茶ニワトリ
きっさニワトリ

港川 MAP 付録P.13 E-3

かき氷愛が詰まったこだわりの一杯に出会える店。やわらかく削った氷と、県産果物を贅沢に使ったシロップが溶け合う口福を味わって。

☎098-877-6189
所 浦添市港川2-16-1 営 10:30～16:00 休 火・水曜、第3月曜 交 那覇空港から約11km P あり(専用1台、ほか近隣駐車場)

外国人住宅街の一角。庭がカフェスペースに

黒糖金時豆ばにらみるくぜんざい 800円
コクのある手作りのミルクシロップと黒糖のやさしい甘さが調和

ドラゴンフルーツとパッションフルーツ氷 950円
鮮やかなビジュアルが印象的。フルーツの果肉感も楽しい

沖縄ぜんざい・かき氷

旬の味覚がギュッと詰まった
果実スイーツ

特集●トロピカル・スイーツ

個性豊かな島素材で作る
天然色のカラフルジェラート
島ジェラート&カフェ ISOLA
しまジェラート&カフェ イゾラ

読谷 MAP 付録P.6A-3

県産食材の味や香り、彩りを生かした手作りジェラートが人気。天然素材にこだわり、着色料・香料・保存料・卵を使っていないので安心。季節ごとに10種のフレーバーが並ぶ。

☎ 098-957-0770
所 読谷村楚辺1133 No.122
営 11:00～18:00(ランチ11:00～15:00LO) 休 日曜
交 沖縄南ICから約12km P 10台

ジェラートダブル 495円
ヨーグルトの酸味を生かした「ドラゴンフルーツ」と、爽やかな味わいの「たんかんソルベ」。カラフルな見た目もキュート

素材のおいしさを凝縮した
沖縄果実の上質ジェラート
やんばるジェラート本店
やんばるジェラートほんてん

宜野湾 MAP 付録P.13 F-3

厳選した産地から素材を仕入れ、世界的マエストロが情熱を注いだジェラートは、果実そのままで食べるよりフルーティ! 沖縄果実の芳醇な香りや味を存分に楽しんで。

☎ 098-943-5434(代表)
所 宜野湾市嘉数3-19-1
営 11:00～19:00 休 第1火曜
交 那覇空港から約13km P 4台

ジェラートトリプル 612円
沖縄マンゴーと伊江島紅芋。素材の濃厚な味わいが口いっぱいに広がる

ジェラートトリプル 612円
搾りたての生乳で作る「宮平プレミアムミルク」と果汁のみで仕上げた「今帰仁スイカ」

世界大会で受賞したフレーバーも並ぶ

本店をはじめ、県内に7店舗を展開

ジェラートダブル
495円
ピンク色は読谷村産のイチゴを用いた「ストロベリーヨーグルト」、水色は恩納村産のバタフライピーを使用した「ココナッツブルー」

かわいいカフェ空間。ランチも楽しめる

太陽の恵みで
おいしく栄養補給
Vita Smoothies
ビタ スムージーズ

那覇 MAP 付録P.17 D-2

沖縄県産のマンゴーや紅芋、ゴーヤーなど、こだわりの素材で作るフレッシュスムージー。酵素やビタミンがギュッと詰まった一杯で、体にご褒美を。

☎ 098-863-3929
所 那覇市牧志2-17-17 まきしビル1F
営 10:30～20:00 休 火曜
交 ゆいレール・美栄橋駅から徒歩2分 P なし

国際通りの観光途中に立ち寄りたい人気店

彩り紅いもバナナスムージー 700円
県産紅芋を使用。豆乳ベースでヘルシーだけど満足感たっぷり

トロピカルマンゴースムージー 780円
マンゴー好きにはたまらない! パインやキウイも入って爽やか

沖縄ならではのフレーバーで
トロピカル気分を満喫！

ブルーシール 国際通り店
ブルーシールこくさいどおりてん

那覇 MAP 付録P.16 C-3

アメリカ生まれ、沖縄育ちのブルーシール。常時約20種類揃えるアイスクリームをはじめ、クレープやタピオカドリンクが味わえる。国際通りのほぼ中央にあるので、観光のひと休みに立ち寄りたい。

☎098-867-1450
所 那覇市牧志1-2-32　営 10:00〜22:30(金・土曜は〜23:00)　休 無休　交 ゆいレール・県庁前駅から徒歩10分　P なし

マンゴー
シングル350円
ダブル600円
マンゴー果汁がいっぱい

ブルーウェーブ
シングル350円・
ダブル600円
パイナップルアイス×
ソーダシャーベット

紅イモミルクフロート
560円(S)
やさしい芋の風味と飲みやすい甘さ

青い看板が目印。北谷などにも店舗がある

農家さん応援！
ハイセンスパフェ&みやげ

田中果実店
たなかかじつてん

恩納 MAP 付録P.9 D-2

周囲の農家さんの採れたてマンゴーといった南国フルーツを、ムダなくおいしく使いたいとパフェやジャムを完成させた。店内はハワイの日系雑貨店をイメージ。

☎070-5279-7785
所 恩納村瀬良垣2503　営 11:00〜18:00(LO17:30)　休 火・水曜　交 屋嘉ICから約6km　P 8台

●完熟王様マンゴーやパインなど上質な果物と無添加無着色にこだわった沖縄特濃ジャム。1000円〜

**名物マウンテン
マンゴーパフェ**
2500円
フレッシュマンゴー
1個に、マンゴーアイス、マンゴー生クリームをアソート

おしゃれな店内で
ゆっくり味わって

果実スイーツ

ヘルシーなのにおいしい
心と体が喜ぶご褒美スイーツ

Detox cafe felicidad
デトックス カフェ フェリシダード

糸満 MAP 付録P.19 E-3

「子どもにも安心して食べさせられるものを」という思いで作られたヴィーガンメニューを提供。栄養満点で見た目も楽しいヘルシースイーツは、乳製品・卵不使用とは思えないリッチな味わい。

☎098-994-9557
所 糸満市西川町35-10　営 11:00〜17:00　休 日〜火曜　交 那覇空港から約10km　P 7台

**グルテンフリー
ドーナッツ**
各429円
バナナを使用してケーキのようなしっとりとした食感に。パインやラズベリーほか、チョコ、紅茶いちじくなども登場

アイスキャンディー
550円
豆乳ヨーグルトとベリーソースの2層になった定番のラズベリーは、甘酸っぱさがクセになりそう

糸満の川沿いにあり、のどかな雰囲気も◎

アイスキャンディー
550円
季節限定のシークヮーサーヨーグルト。伊予柑の果肉がたっぷり入っていて、柑橘の爽やかな味わい

39

- ずらりと並ぶ食材を見ているだけでも楽しい
- とてもカラフルな南国沖縄の魚たち
- 精肉店に並ぶ珍しい部位に釘付け！
- 沖縄の食卓に欠かせないポーク缶

賑わう街の台所
まちぐゎ〜で沖縄の素顔に出会う

色も形も味も個性派揃いの食材が集まる"まちぐゎー（市場）"。元気なお店の人との会話を楽しみながら、沖縄の食文化を堪能しよう。

豚は、鳴き声以外全部食べられるよ

那覇市第一牧志公設市場（仮設）
なはしだいいちまきしこうせついちば（かせつ）

MAP 付録P.17 D-3

アジアの熱気を感じながら "おいしい沖縄"を満喫！

沖縄のあらゆる食材が一堂に集まる県内最大規模の市場。1950年の開設以来、「那覇の台所」と呼ばれ、県民に親しまれてきた。1・2階合わせて100以上の店舗が軒を並べ、沖縄の食文化を体感できるスポットとしても人気を集めている。現在は老朽化による建て替えに伴い、2022年3月末まで仮設市場で営業中。

☎098-867-6560　那覇市松尾2-7-10
⏰8:00〜21:00（店舗により異なる）　休12月を除く毎月第4日曜（店舗により異なる）
交ゆいレール・牧志駅から徒歩10分　Pなし

おみやげに人気のコーレーグース

島らっきょうやパパイヤなど、自家製のうちなー漬物がずらり

ノスタルジックな雰囲気も楽しい
沖縄の「まちぐゎー」ってどんな場所？

まちぐゎーは、規模の小さな店が集まってできた市場のこと。生鮮野菜、魚、肉などの食料から、生活雑貨など多彩な品揃えだ。

新たな沖縄の顔として待ち遠しい！
2022年4月に新牧志公設市場がオープン予定

2019年6月から、移設前の土地で市場の建て替え工事が開始されている。地元の人、観光客ともにより利用しやすい市場としてオープンすることが期待されている。

新鮮食材を味わう

名物「持ち上げ」にトライ！

1階で購入した鮮魚や肉を2階の食堂で調理してもらい、その場で食べられるシステム。調理代は1品330円〜3品550円（しゃぶしゃぶは1人550円）。

購入前に食材が「持ち上げ」可能か確認を

魚が食べたい！

地元で水揚げされた南国色の海の幸がずらり

与那嶺鮮魚
よなみねせんぎょ

毎朝近海で獲れた新鮮な魚介類を提供する鮮魚店。インパクト大の色とりどりの魚をはじめ、アバサーやオニダルマオコゼなど、沖縄でしかお目見えできない珍しいものばかり。

☎ 098-867-4241　営 8:00〜20:00　休 日曜

↑ まずは、予算を伝えて魚を選ぼう。魚の豆知識、味や調理法なども親切に教えてくれる。値段は大きさや時期により変動

イラブチャーの刺身
半身は皮を湯引きして刺身に。身は淡白でコリコリとした歯ごたえが楽しめる

イラブチャーのマース煮
調味料は沖縄の塩のみというシンプルな料理。新鮮なので煮ると身がふわふわに

肉が食べたい！

県産ブランド肉から手作りの加工品まで

上原精肉店
うえはらせいにくてん

あぐー豚や石垣牛などバラエティ豊かな品揃え。沖縄の食文化の中心ともいえる豚肉は、顔から足・内臓まであらゆる部位を扱う。自家製のラフテーや肉みそは、おみやげに人気。

☎ 098-867-6024　営 10:00〜19:00　休 第4日曜（12月は営業）

↑ 調理法に合わせて店頭でスライス。琉球あぐーは、沖縄在来アグー豚と交配した特別なブランド豚で、肉質に優れているとか

あぐー肩ロースのステーキ
塩・胡椒のみの味付けで、あぐー の旨みを堪能できる一品。しゃぶしゃぶもおすすめ

那覇市第一牧志公設市場（仮設）

那覇市第一牧志公設市場（仮設）

1階

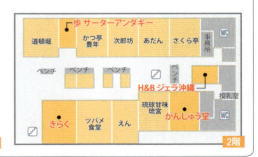

2階

41

手軽に沖縄体験

おみやげ&テイクアウト

地元の人が愛するおやつからレアな一品まで、公設市場は沖縄の食の宝庫。あれこれ買い食いを楽しみながら、ローカルみやげをゲットしよう。

↑蔵元おすすめ泡盛の量り売りもしている

沖縄各地から取り寄せたおいしいモノが勢揃い

いちゃりばどぅしぐゎぁー
いちゃりばどぅしぐゎぁー

新鮮な海ぶどうから揚げたてのサーターアンダギー、加工品、雑貨まで、こだわりの沖縄特産品を取り扱うみやげ物店。宮古島産のカツオの塩辛など、手に入りにくい商品も並ぶ。
☎090-3075-7729 営10:00～20:00 休第4日曜（12月は営業）

海ぶどう
南城市の奥武島から仕入れた大粒の海ぶどう。店舗の水槽から取り分けるので鮮度抜群！小(60g)350円

スモーク島どうふ
沖縄の豆腐を麹の力で熟成し、さらに燻製することで、スモークチーズのような味わいに。常温OK。550円

↑食品を中心とした多彩な商品がずらり

塩もずく
沖縄県産の天然もずくは、ぬめりと歯ごたえが特徴。日持ちのする塩漬けなのでおみやげにぴったり。500円

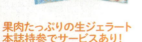

鮫ジャーキー
沖縄近海で獲れる深海鮫を使用した珍しいジャーキー。パッケージもインパクト大！全3種類・1袋350円

とっておきの秘蔵古酒が手に入る泡盛専門店

泡盛之店 琉夏
あわもりのみせ りゅうか

入手困難なレアな銘柄を目当てに、泡盛マニアたちが集う。試飲もできるので、お気に入りの一本を見つけよう。市場近くにサンライズ店もオープン。
☎090-4033-9262 営13:00～21:00（変動あり） 休不定休

松藤2005年秘蔵古酒
崎山酒造廠の秘蔵古酒を月24本限定で販売。冷やしてストレートで飲むのがおすすめ。25度600ml 3900円

萬虎
泡盛づくりの原点に戻り、昔懐かしい島酒の味を再現した一本。恩納酒造所44度600ml 2650円

こいしぐれ
年間400本のみ製造される熟成用の原酒。通を唸らせる濃厚な味。識名酒造43度720ml 3300円

果肉たっぷりの生ジェラート 本誌持参でサービスあり！

H&B ジェラ沖縄
エイチ&ビー じぇらおきなわ ましません

生のフルーツとジェラートを陶器の上で混ぜ合わせて作る生ジェラート。マンゴー、ドラゴンフルーツ、パインなど、県産フルーツそのもののおいしさを満喫できる。
☎090-8708-9047 営10:00～18:00 休第4日曜（12月は営業）、水曜

↑サービスは日によって異なるのでお楽しみに

生ジェラート
写真映えのする人気の5段。上からイチゴ、パイン、ドラゴンフルーツ、マンゴー、ゴーヤー。800円

地元の人にも愛される素朴でやさしい伝統の味

歩 サーターアンダギー
あゆみ サーターアンダギー

ひとつひとつ心を込めて、丸めて揚げたサーターアンダギーが、地元客にも観光客にも人気。卵は黄身のみを贅沢に使用し、しっとりとコクのある味に仕上げている。
☎098-863-1171 営10:00～売切れ次第終了 休日曜

↑確実に手に入れたいなら電話予約が◎

サーターアンダギー
福を呼ぶ縁起物として親しまれている伝統菓子。やさしい甘さに癒やされる。9個入り770円

特集●まちぐゎ〜で沖縄の素顔に出会う

美味 沖縄料理

うちなーグルメ

市場2階には約10軒の食堂が集まる。新鮮な地元食材を使った名物料理を、心ゆくまで食べ尽くそう。

定番から希少な一品まで沖縄グルメはココで制覇！

がんじゅう堂
がんじゅうどう

チャンプルーや沖縄そば、鮮魚、あぐー、石垣牛など、豊富なメニューが味わえる。希少なイラブー汁をはじめ、ヒージャー汁、イカスミ汁、沖縄ならではの汁ものも充実。

☎098-861-5400　⏰11:00〜21:00（LO20:00）　休水・日曜

イラブー汁 2035円
エラブウミヘビを5日間かけて煮込み、最大限にエキスを抽出したスペシャルな一杯

座敷席もあるので子ども連れも利用しやすい

がんじゅうそば（並）935円
コシの強い生麺と深みのある出汁が自慢。三枚肉・軟骨ソーキ・てびち入りで大満足！

沖縄食材のおいしさを多彩な料理で堪能しよう

きらく
きらく

台湾のホテルで料理人をしていた先代の味を受け継ぎ、地元食材を用いた中華料理と沖縄料理を提供。持ち上げた食材は、さまざまな調理法で楽しませてくれる。

広々とした店内なので団体もOK

☎098-868-8564　⏰9:00〜21:00（LO20:00）　休第4日曜（12月は営業）

たーんむ団子（5個）450円
リピーターが多い人気メニュー。外はカリッと、中はもっちりとした食感がクセになる

もっとまちぐゎーを楽しむ!!

栄町市場
さかえまちいちば

MAP 付録P.17 F-2

昭和の色と香りのなかに新たな風が吹いて活気づく街

戦後復興時の1955年に誕生した市場。迷路のような路地に肉屋や魚屋、惣菜屋など、120もの店がひしめき合い、地元の生活を肌で感じることができる。最近は飲食店やバーも増えている。

☎098-886-3979（栄町市場商店街振興組合）　所那覇市安里381　営店舗により異なる　交ゆいレール・安里駅からすぐ　Pなし

貝専門店で珍しい逸品を

ひいき家
ひいきや

店主の目利きで日本各地より仕入れた旬の貝が堪能できる。貝豆腐や貝酒などココだけの自家製メニューもぜひ。

ホンビノス貝の酒蒸し、しゃこ貝刺身、ながらみ塩茹で、マテ貝焼きなど、貝の味を生かした料理を提供

☎080-6491-0437　所那覇市安里379　営17:00〜23:00　休不定休

60年以上愛される惣菜店

かのう家
かのうや

お客さんの健康を思って作る家庭の味を求めて、市場で働く人や買い物客が訪れる。ジーマミー豆腐はおみやげに。

惣菜は約20種類。1品100円〜と手ごろなのもうれしい

☎098-885-2805　所那覇市安里385　営10:00〜19:00　休日曜、祝日

（左から）島ニンジンや大根などの野菜がたっぷり入ったボロボロジューシー200円、やさしい味付けのクーブイリチー100円、5〜6種類の豆を使った豆の煮込み200円

のうれんプラザ

MAP 付録P.17 D-4

農連市場が生まれ変わり新たな名物グルメも登場

農連市場の店舗を移転して、2017年にオープンした商業施設。相対売場・早朝ゾーンでは、昔ながらの懐かしい光景が見られる。

小売店や飲食店など100を超える店舗が入っている

☎098-834-7818　所那覇市樋川2-3-1　営店舗により異なる　交ゆいレール・牧志駅から徒歩15分　P96台

那覇市第一牧志公設市場（仮設）

オキナワ最新リゾート案内
素敵な時を過ごす極上空間へ

Hotels in Okinawa

ゆったりと流れる沖縄時間、目の前に広がる青い空と大海原。
都会の喧騒を忘れてのんびりと南国バカンスが楽しめる
居心地抜群のリゾートホテル&ヴィラをご紹介。

話題沸騰、新しいリゾートへ
ニューオープン&リニューアル

特集●素敵な時を過ごす極上空間へ

海と緑あふれる優雅なリゾート
自分時間で暮らすように過ごす

星のや沖縄
ほしのやおきなわ

星野リゾートが沖縄本島で第1号のラグジュアリーリゾートをオープン。城壁風の壁で囲まれた敷地に畑や林が広がり、海岸に沿うようにして低層の客室棟が建つ。部屋でディナーを楽しめる土間ダイニングや波音が間近に聞こえるテラスリビングで、ゆったりとした時間を過ごせる。

無垢材の大きなテーブルが配された客室の「土間ダイニング」

HOTEL DATA

☎0570-073-066(星のや総合予約)

読谷 MAP 付録P.8 A-4

所 読谷村儀間474／石川ICから約15km／那覇空港から沖縄自動車道利用で、車で1時間 P100台 IN15:00 OUT12:00 全100室 予算1泊室料10万9000円～(税・サ別、食事別)

FACILITY
- プール 通年利用可能なインフィニティプールがある
- その他 スパ、レストラン

BEACH & ACTIVITY
- ビーチ リゾートの前には自然海岸が広がる
- アクティビティ 乗馬体験、歌三味線、琉球舞踊、琉球空手、などの各種体験、酒造見学などができる。海では体験ダイビングやシュノーケリングなども

1

2

3

4

1.紅型の壁紙がリゾート気分を盛り上げてくれるハルの寝室 2.客室テラスからの眺め。美しいサンセットも堪能できる 3.床座リビングを備えた客室「フゥシ」はグループでの滞在にぴったり 4.スパではオイルトリートメントや指圧・マッサージを受けることができる

ホテルグルメ PICK UP

メインダイニングでは
シチリア料理を満喫

メインダイニング(予約制)での夕食には、地元の食材にシチリア料理のエッセンスを生かした「琉球シチリアーナ」を提供。ほか、シェフが用意した本格料理が客室に届けられ、自分の好きなタイミングで仕上げて味わえるサービスもある。

※宿泊料金は、「1泊2食付」「1泊朝食付」「素泊まり」については、特記のない場合、1室2名で宿泊したときの1名分の料金です。

特集●素敵な時を過ごす極上空間へ

ワイキキの憧れのホテル
「ハレクラニ」が日本初進出

ハレクラニ沖縄
ハレクラニおきなわ

ハワイ・ワイキキの名門ホテル「ハレクラニ」がついに日本初上陸。大自然が広がる恩納村の国定公園の海辺に建ち、全室がオーシャンビュー。ハワイの言葉で「天国にふさわしい館」の意味にぴったりの美しい環境と最上級のサービス、充実したアクティビティと施設でゲストを迎えてくれる。

HOTEL DATA
☎098-953-8600
恩納 **MAP** 付録P.9 F-1
🏠恩納村名嘉真1967-1／🚗許田ICから6km／那覇空港から沖縄自動車道利用で、車で1時間15分　🅿312台
in 15:00　out 12:00　🛏360室
予算 1泊室料5万5935円〜

FACILITY
プール｜屋内・屋外プール
その他｜レストラン、ショップ、エステ・スパなど

BEACH & ACTIVITY
ビーチ｜ホテル前に白砂のビーチが広がる
アクティビティ｜各種マリンアクティビティ、各種クルーズなど。テニスコートもある

1. リゾート感あふれるオーキッドプール　2.3. スパハレクラニで最先端の施術を受けたい。施設内には天然温泉を備えた浴室設備もありリラックスできる　4. デラックオーシャンビュー。テラスからは雄大な東シナ海を一望できる　5.6. コーラルスイートのベッドルームとリビング　7. 海に突き出した絶好のロケーションにあるリゾート

ホテルグルメ PICK UP
充実のダイニング
4つのレストランとサンセットバー

SHIROUX（シルー）では、ミシュラン2ツ星シェフ・川手寛康氏が考案するコース料理が楽しめる。

ラグジュアリーな空間で
ゆとりある沖縄ステイ

グランディスタイル
沖縄 読谷 ホテル＆リゾート
グランディスタイル おきなわ よみたん ホテル＆リゾート

ナチュラルでシックな空間が広がる新しい大人のリゾート。部屋のカウンターでお酒を楽しみ、バルコニーのデイベッドでのんびりくつろいだり、通年入れるプールやさまざまなプログラムでアクティブに遊んだり、体験教室に参加したりと、多彩で優雅な沖縄ライフを楽しめる。

HOTEL DATA
☎ 098-987-8300
読谷 MAP 付録P.8 A-4
所 読谷村瀬名波571-1　交 石川ICから12km／那覇空港から沖縄自動車道利用で、車で1時間
P 35台　in 14:00　out 11:00　客 54室
料 1泊朝食付2万2050円～

FACILITY
プール　屋外プール
その他　レストランなど

BEACH & ACTIVITY
ビーチ　ホテルは読谷の市街地に位置する。最寄りのビーチは瀬名波ビーチ
アクティビティ　ホテル内フロントデスクで、各種マリンアクティビティやランドアクティビティに申し込める

ホテルグルメ PICK UP
沖縄の食材をふんだんに用いた贅沢な味わい

レストラン、カフェラウンジの2タイプがある。華やかな色彩の朝食（左）はリゾートならでは。

1. 客室は全部で4タイプ。写真はプレミアムセントラルスイート　2, 3. 街の喧騒から離れホテルへ。洗練された雰囲気のロビーに到着すると、リゾート気分も一気に高まる　4. スキンケア用品も充実のアメニティ　5. 読谷の街を一望するプール。夜はライトアップされ幻想的な雰囲気に。カクテルなどが楽しめる

ニューオープン＆リニューアル

信頼の世界ブランドホテル
気軽に上等な離島ライフ

ヒルトン沖縄瀬底リゾート
ヒルトンおきなわせそこリゾート

透明度抜群の天然ロングビーチが魅力の瀬底島に、ヒルトンが日本初のビーチリゾートホテルをオープンさせた。隣接する瀬底ビーチでのマリンアクティビティのほか、ホテル施設やレストランも充実している。

HOTEL DATA
☎0980-47-6300
瀬底島 MAP 付録P.4 C-3
所本部町瀬底5750 交許田ICから27km／那覇空港から沖縄自動車道利用で、車で1時間30分 P200台(有料) in 15:00 out 11:00 客298室
予算 スタンダードツイン1泊朝食付1万4400円〜

FACILITY
プール｜屋内・屋外プール
その他｜フィットネス、スパ・エステ施設など

BEACH & ACTIVITY
ビーチ｜ホテルの前が瀬底ビーチ
アクティビティ｜マリンアクティビティなど

1. 瀬底ビーチを一望する絶好のロケーション　2. スタンダードの客室　3. 夕日を一望できるラウンジ＆バー　4. 眺望が素晴らしいレストランも備わる　5. ジャクジー付きの室内プール

特集●素敵な時を過ごす極上空間へ

緑の集落にある閑静なヴィラ
海とつながるプールで過ごす

シークレット
プールヴィラ・セジ

備瀬のフクギ並木に囲まれた海辺の集落に建つ高級ヴィラ。2階のオープンテラスにあるインフィニティプールで究極の時間を過ごしたい。食事などの各種サービスはコンシェルジュが対応してくれる。

1. 地元沖縄や東南アジアの作家らの作品を客室インテリアに　2.3. キングサイズベッドを配した2階寝室　4. インフィニティプールから望むサンセット。正面には伊江島が浮かぶ

HOTEL DATA
☎098-923-2915
本部 MAP 付録P.4 C-2
所本部町628 交許田ICから29km／那覇空港から沖縄自動車道利用で、車で1時間40分 Pあり(有料) in 15:00 out 11:00 客1室
予算 コンシェルジュプラン(1泊2日)8万2500円〜

FACILITY
プール｜屋外プール(冬季温水プール)
その他｜バドラーサービス

BEACH & ACTIVITY
ビーチ｜最寄りはエメラルドビーチ
アクティビティ｜各種体験プログラム

1 美しいビーチとイルカたち 家族で楽しめるリゾート

ルネッサンスリゾート オキナワ

イルカとふれあえるラグーンや天然温泉、プライベートビーチなど、子どもから大人まで楽しめる施設やアクティビティが充実のリゾートホテル。客室やフロント、エントランスなどの改装をし、沖縄の自然をテーマにしたモダンなデザインに生まれ変わった。2020年にリニューアル完了。

HOTEL DATA

☎098-965-0707
恩納 MAP 付録P.8 B-3
⊕恩納村山田3425-2 ⊗石川ICから5km／那覇空港から沖縄自動車道利用で、車で1時間 ℗200台 in 14:00 out 11:00 ⊕377室
予算 1泊朝食付(2名1室)1万5000円～

FACILITY
プール 屋内・屋外プール その他 温泉(利用制限あり)、サウナ、エステ、ジム

BEACH & ACTIVITY
ビーチ ホテルの目の前がルネッサンスビーチ
アクティビティ 各種マリンアクティビティ、クルーズ、イルカとふれあえるドルフィンプログラム、キッズ向けプログラムなど

ホテルグルメ PICK UP

フレンチ、琉球料理…など、7のレストランからお好みに合わせて

カジュアルから高級までさまざまなジャンルのレストランがある。沖縄料理なら海風(うみかじ、写真右)がおすすめ。

1. 開放感あふれるプール 2. タラソテラピーなど、スパ・エステも充実 3. ホテル内には天然温泉「山田温泉」もある(利用制限あり) 4. 大人気のルネッサンスビーチに面している 5. 最上階のジュニアスイート。客室は全室オーシャンビューでテラス付き。洋室のほか和室もある

ニューオープン&リニューアル

贅沢なバカンスを楽しむ
とっておきリゾート

客室からの美しい眺めやプールが自慢の高級リゾートで、優雅な休日を。

特集●素敵な時を過ごす極上空間へ

雄大な沖縄の海と自然に癒される大人のリゾート
ザ・ブセナテラス

美しい海に囲まれた部瀬名岬の約16.5万㎡という広大な敷地内に、ホテル棟と18室のクラブコテージが建つ。自然との調和を大切に、オープンエアの開放感と落ち着いたデザインが大人のリゾートを演出している。バトラーサービスなどのきめ細やかなもてなしにも定評がある。

HOTEL DATA

☎ 0980-51-1333　名護 MAP 付録 P.9 F-1
⌂ 名護市喜瀬1808　⌘ 許田ICから約4km／那覇空港から沖縄自動車道利用で、車で1時間15分
Ⓟ 350台（有料）　in 14:00　out 11:00　● 410室（全室禁煙）
予算 デラックスナチュラルオーシャンビュー1泊朝食付2万3010円～

ホテルグルメ PICK UP
朝食は、テラスが人気のラ・ティーダへ

青い海を眺めながら食事が楽しめるカフェテラス「ラ・ティーダ」では朝食ブッフェも。和食レストラン「真南風」の和朝食は白飯、五穀米、おかゆから選べる。

FACILITY
プール 上段と下段の2つのプールがあり、ウォータースライダーや滝なども備わる。オールシーズン使える屋内プールも
その他 ライブラリー、エステルーム、サウナ、ジム、テニスコート、パターゴルフ場など

BEACH & ACTIVITY
ビーチ ホテルの目の前はブセナビーチ。真っ白な砂浜が約760mにわたって続く
アクティビティ マリンスポーツのほか、ヨガ、沖縄の自然にふれるエコツアーなども

1. リゾート感あふれるプール　2. 客室はベージュとホワイトを基調としたナチュラルなインテリア　3. 館内は装飾を控えたシンプルなデザイン　4. 「テラス スパ」では海由来のプロダクト「タルゴ」を使用　5. クラブコテージはクラブサービスが受けられる。プライベートプール付きもあり

50

西海岸の夕陽を見ながら
リゾート感あふれるステイを
ヒルトン沖縄北谷リゾート
ヒルトンおきなわちゃたんリゾート

県内最大級の567㎡の広さを誇るラグーンプールをはじめ、スパ、レストランなど館内の設備も充実。近隣には美浜アメリカンビレッジなどの商業施設もあり、大人から子どもまで幅広い年代で楽しめる。

HOTEL DATA

☎ 098-901-1111
北谷 MAP 付録 P.11 D-2
⌂北谷町美浜40-1／⊛沖縄南ICから約5km／那覇空港から沖縄西海岸道路利用で、車で40分／Ⓟ200台／in 15:00／out 12:00／346室（全室禁煙）／[予算]シティビュールーム（ツイン）1泊2食1万2700円〜、オーシャンビュールーム（ツイン）1泊2食1万4750円〜

1. 沖縄テイストが基調のシンプルで機能的な客室。オーシャンビュールームにはプライベートテラスを完備 2. アマミスパでは沖縄の天然素材を生かした伝統療法など多彩なメニューを用意 3. 広々としたラグーンプール。スライダーやバーがあり、子どもから大人まで楽しめる

ホテルグルメ PICK UP
西海岸の海を望む
オーシャンビューで始まる沖縄の朝

大きな窓の向こうに西海岸の海が広がる開放的な空間で、定番の沖縄グルメを含む約100種類におよぶ豊富なメニューをビュッフェ形式で楽しめる。

FACILITY
[プール] 隣接するダブルツリー byヒルトン沖縄北谷リゾート内の2つの屋外プール含め、計5つの屋内外プールが利用可
[その他] スパ、フィットネスセンター、レストラン、ラウンジ

BEACH & ACTIVITY
[ビーチ] 周辺のサンセットビーチ、アラハビーチ（P.71）にレンタサイクル（有料）でアクセス可
[アクティビティ] マリンアクティビティのほかアマミスパではヨガも体験できる（夏季限定）

バラエティに富んだ
マリンレジャーでアクティブに
ANAインターコンチネンタル万座ビーチリゾート
エーエヌエーインターコンチネンタルまんざビーチリゾート

万座の美しい海に囲まれた岬に建つリゾート。プール、ビーチのほか、海中展望船やシーウォーク、サンセットクルーズなど40種類以上のマリンアクティビティが自慢。レストランや大浴場など設備も充実している。

HOTEL DATA

☎ 098-966-1211
恩納 MAP 付録 P.9 D-1
⌂恩納村瀬良垣2260／⊛屋嘉ICから約7km／那覇空港から沖縄自動車道利用で、車で50分／Ⓟ620台（有料）／in 15:00／out 11:00／400室（全室禁煙）／[予算]スーペリアツイン1泊朝食付2万2000円〜

1. スーペリアツイン。砂浜の白と海の青を基調とした爽やかなカラーリング 2. 宿泊者専用のガーデンプール。冬季は温水になるので、一年中楽しめる 3. 透明度の高いビーチでは、マリンスポーツが充実。スタッフのサポートも万全

ホテルグルメ PICK UP
会話も弾む
多国籍グルメ

万座毛を望む美しい景観と多彩なインターナショナル料理を楽しめる「アクアベル」でエキゾチックな味わいを。

盛り付けの美しい
和食の真髄を味わう

白木を基調とした明るい店内の「雲海」では、伝統的な和の技法を取り入れていねいに仕上げた日本料理が味わえる。

FACILITY
[プール] ガーデンプールとビーチサイドプールの2つの屋外プール
[その他] 8つのレストラン、バーのほか、大浴場やスパ、リラクゼーション施設がある

BEACH & ACTIVITY
[ビーチ] 環境省選定の快水浴場百選・特選にも選ばれたエメラルド色の万座ビーチ（P.70）
[アクティビティ] マリンスポーツのほか、テニス、フットサルといったフィールドスポーツも多彩

とっておきリゾート

沖縄初、ルレ・エ・シャトー加盟 ザ・テラスホテルズ第5のリゾート
ジ・ウザテラス ビーチクラブヴィラズ

読谷村宇座海岸を望む全室ヴィラタイプのホテル。ビーチサイドの開放感に包まれる一方で、48室すべての客室には専用プールが付いており、プライベート感が確保された空間。カップルでもファミリーでも、それぞれのスタイルに合わせた滞在が楽しめる。

HOTEL DATA
☎ 098-921-6111　読谷 MAP 付録 P8 A-3
⌂ 読谷村宇座630-1　石川ICから約13km／那覇空港から車で1時間10分　P44台（1ベッドルームタイプのみ有料）　IN 15:00　OUT 11:00　客48室（全室禁煙）※クラブプールヴィラ1ベッドルーム（～3名）37棟、クラブプールヴィラ2ベッドルーム／プレミアムヴィラ2ベッドルーム（～5名）10棟、プレジデンシャルヴィラ（～8名）1棟　予算クラブプールヴィラ1ベッドルーム1泊朝食付5万6850円～

FACILITY
プール	アウトドアプール
その他	ファインダイニング、バー＆ラウンジ、ショップ＆カフェ、エステルーム、ジム、オープンスクエア（多目的ホール）、自家農園

BEACH & ACTIVITY
ビーチ	ホテルのすぐ前に広がる

1. 美しい自然が目の前に広がる立地　2. すべての客室に専用のプライベートプールが付いている　3. 全ヴィラにダイニング、キッチン、リビングを完備。暮らすような滞在ができる

特集●素敵な時を過ごす極上空間へ

亜熱帯の森に溶け込んだ究極のプライベート空間
ジ・アッタテラス クラブタワーズ

恩納の森に建つスモールラグジュアリーホテル。開放感に満ちた客室でプライベート感が満喫できる。プールを眺めながら食事ができるダイニングや、ライブラリー機能を備えたラウンジ＆バー、ウォーターフロースタイルの屋外プールなど設備も充実している。

1. 客室は開放的な窓やテラスを完備した全室スイートクラスで、広さは52㎡以上　2. 森から海へと開かれた屋外プール

FACILITY
プール	開放感ある、ウォーターフロースタイルの屋外プール
その他	ファインダイニング、ライブラリーラウンジ＆バー、クラブ・スパ、南国の果樹や花々が生い茂るザ・ガーデン、自家菜園

BEACH & ACTIVITY
ビーチ	ホテルから車で約5分。季節営業、ビーチクラブあり
アクティビティ	毎朝のモーニングヨガのほか、各種ツアーをアレンジ。曜日ごとにブクブクー茶やガーデンセミナーも催行

HOTEL DATA
☎ 098-983-3333
恩納 MAP 付録 P9 E-2
⌂ 恩納村安富祖1079　屋嘉ICから約11km／那覇空港から沖縄自動車道利用で、車で1時間　P70台（有料）　IN 14:00　OUT 11:00　客タワー74室、フォレスト・ヴィラ4室（禁煙・喫煙両方あり）　予算クラブデラックス1泊朝食付2万4540円～、クラブラグジュアリー1泊朝食付2万6660円～　※宿泊を除く施設利用は16歳以上

自然豊かなビーチを有する南欧風のリゾート
ホテル日航アリビラ
ホテルにっこうアリビラ

スペイン語で「くつろぎ」と「別荘」を組み合わせたアリビラの名のとおり、プライベート感覚を重視した南欧風のリゾートホテル。目の前の自然豊かなニライビーチには、ウミガメが産卵に訪れることもある。

HOTEL DATA
☎ 098-982-9111　読谷 MAP 付録 P.8 A-4
㊟読谷村儀間600　㊠沖縄南ICから約18km／那覇空港から国道58号利用で、車で1時間　Ⓟ250台(有料)　⦿禁煙　in 15:00　out 12:00　㊨397室(全室禁煙)　予算 スーペリアツイン1泊朝食付2万4200円〜、プレミアツイン1泊朝食付2万8600円〜

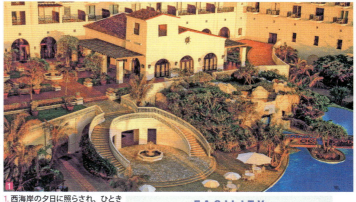

1. 西海岸の夕日に照らされ、ひときわ美しいスペイン風の建物　2. スーペリアツインは、海や花など自然の色彩を取り入れたデザイン(一例)　3. 沖縄の豊かな自然に囲まれたホテル

FACILITY
[プール] 屋外にあるガーデンプールのほか、屋内には通年利用可のリラクゼーションプールを備えている
[その他] 6つのレストラン・バー、エステサロン、テニスコートなど

BEACH & ACTIVITY
[ビーチ] 目の前のニライビーチはできるだけ自然の岩を生かした遠浅の天然のビーチ
[アクティビティ] マリンスポーツやフィールドスポーツが揃うほか、「エデュテイメントプログラム」では、クラフトメニューや、沖縄の自然にふれられる体験メニューもある

豊かな自然と美しい白砂ビーチに包まれたリゾート
オクマ プライベートビーチ & リゾート

沖縄北部の大自然のなかにあるリゾート。10万m²の敷地内に4タイプのコテージが点在。アクティビティや施設が充実しているのでカップルからファミリーまで、楽しみ方は多様。ペットと泊まれるヴィラも人気。

HOTEL DATA
☎ 0980-41-2222　国頭 MAP 付録 P.3 D-2
㊟国頭村奥間913　㊠許田ICから約35km／那覇空港から沖縄自動車道・名護東道路利用で、車で1時間40分　Ⓟ150台(有料)　in 14:00　out 11:00　㊨184室(全室禁煙)　予算 ガーデンヴィラ(ラウンジアクセス付き)1泊朝食付2万円〜

FACILITY
[プール] 子ども用プール・流水プール・メインプール、アクティビティプールの4タイプ(すべて屋外) ※11〜3月はクローズ
[その他] 6つのレストラン、展望浴場、エステ、体育館、ドッグランなど

BEACH & ACTIVITY
[ビーチ] エメラルドグリーンの海と天然白砂のオクマビーチ(P.69)が1kmにわたって続く
[アクティビティ] グラスボートやクルージング、シュノーケリングなどのマリンアクティビティ、やんばるの森での自然体験エコツアーなど、海と森を存分に楽しめるラインナップ

1. 2020年4月にフルリノベーションを終えた新しいガーデンヴィラは、プライベートラナイ付き　2. 新しい客室は南国リゾートで暮らすように、リラックスして過ごせる空間　3. 白砂のビーチに面した専用ラウンジで、アルコールとアペタイザーを堪能しながらのサンセットタイムは格別　4. やんばるの豊かな自然とエメラルドグリーンの海に包まれた美しいロケーション

とっておきリゾート

ココロときめく癒やしの時間
ホテルはスパで選ぶ

心と体の疲れを癒やし、美を提供してくれる女性に人気のエステ&スパリゾート。

特集● 素敵な時を過ごす極上空間へ

1 ヨーロッパのセレブも愛する美を追求したリラクゼーション
オリエンタルヒルズ沖縄
オリエンタルヒルズおきなわ

広大な丘約2万㎡の敷地に、14棟のラグジュアリースイートが立ち並ぶ。全室に完備されたプライベートプールから、沖縄本島が誇るコバルトブルーの海が望める。水面に浮かぶダイニングや、幻想的な光に包まれたバーカウンターなどの魅力的。

1. 高濃度のキャビアエキスを豊富に使ったエステプログラム 2. 通常のジャクジーのほか、バラのエキスを贅沢に詰め込んだROSE BATH（40分8800円）もある 3. 90分以上のエステメニューを利用すればジャクジーが使える

RELAXATION
主なスパメニュー

●ボディアロマトリートメント
ゲストの体調や香りの好みに応じて、オイルを数種類選び、ブレンドしたオイルを使ってトリートメントを行う。
2万2000円（90分〜）

アイノア ☎10:00〜20:30（最終受付）

HOTEL DATA
☎0120-162-078
恩納 MAP 付録P.9 E-2
⌂ 恩納村瀬良垣79-1／屋嘉ICから約9km／那覇空港から沖縄自動車道利用で、車で50分 Ⓟ20台
in 14:00 out 11:00 14室（全室禁煙 ※テラスは喫煙可） エグゼクティブスイート1泊2食付7万7000円〜

FACILITY
プライベートプール（各客室）、レストラン、バー、エステ&スパ、ブライダルなど

4. なだらかな丘に建つ最高のロケーション 5. シルキータッチの高品質なパーケルシーツが心地よい眠りを誘う 6. プールと直結した開放的なリビングにやさしい光が降り注ぐ 7. 見渡す限り一面の海が望める日本最大級のプライベートプール

健やかなライフスタイルを
提案するウェルネスリゾート
ザ・テラスクラブ アット ブセナ

沖縄の豊かな自然に包まれたくつろぎの空間で、日常から離れてリラックス。タラソテラピープログラムを中心に、心身ともに健やかで美しい状態を取り戻すためのさまざまなプログラムを用意している。タラソテラピーに基づいたトリートメントやタラソ粧材を用いたメニューも豊富だ。

HOTEL DATA
☎ 0980-51-1113
名護 MAP 付録P.9 F-1
⌂ 名護市喜瀬1750 ⊘ 許田ICから約4km／那覇空港から沖縄自動車道利用で、車で1時間15分 Ⓟ 60台(有料) in 14:00 out 11:00 🛏 68室(全室禁煙) 予 クラブデラックス1泊2食付2万6010円～

FACILITY
ウェルネスタラソ、タラソプール、屋外プール、トレーニングジム、ドライサウナ、タラソカフェ、ファインダイニング、ライブラリーラウンジ&バー、プールサイドバー

RELAXATION
主なスパメニュー

● Healthy Life 1-Day
目的別滞在型プログラムをコンパクトにしたメニュー。運動、栄養、休養をバランスよく取り入れたリラックスプログラム。2万6500円(210分)

● スプリーム
インド・スリランカの伝統医学アーユルヴェーダを取り入れたトリートメント。2万5000円(150分)

ウェルネスタラソ ☎ 0980-51-1115 ◯ 9:00～22:00(12～2月は～20:00、入場は各1時間前まで)

1. タラソプールは、海水を用いた開放的な多機能温水プール。体に温熱の刺激を与え、新陳代謝を促進 2. アーユルヴェーダのトリートメントのひとつ、ピンダスヴェダ。ハーブボールで体の芯から温めオイルの浸透を促す 3.「ファインダイニング」では、新陳代謝、体内浄化を促す野菜やスパイスを使った料理を提供 4. 海まで続くような屋外プール。プールサイドのデッキチェアでくつろぎたい

最高のホスピタリティで
心身ともに癒やされる
沖縄スパリゾート エグゼス
おきなわスパリゾートエグゼス

広々とした客室は落ち着いた雰囲気にまとめられたモダンスタイル。ディナーとホテルスパがセットになったプランなど、多彩な宿泊プランが非日常を演出してくれる。最上階にあるロイヤルエグゼススイートには専用プールも設置されている。

HOTEL DATA
☎ 098-967-7500
恩納 MAP 付録P.9 F-1
⌂ 恩納村名嘉真ヤーシ原2592-40 ⊘ 許田ICから約5km／那覇空港から沖縄自動車道利用で、車で1時間10分 Ⓟ 400台 in 14:00 out 11:00 🛏 90室(全室禁煙) 予 スーペリア1泊2食付2万9000円～、スーペリアフロアコーナースイート1泊2食付3万4000円～

FACILITY
屋外・屋内プール、ビーチ、エステ、コンシェルジュ、レストラン、ジム、バー、コンビニ、ランドリー、マリンショップ

RELAXATION
主なスパメニュー

● アロマオーダートリートメント
お好みの香りとテクスチャー(オイル・クリーム・ワックス)をカスタマイズして行う全身のボディマッサージ。2万2000円(90分)

● バランシングフェイシャルトリートメント
肌質別、要望に合わせたスタンダードなトリートメント(背中・デコルテ・ハンドのマッサージ付き)。1万6500円(75分)

クレエデュスパ エグゼス店
☎ 11:00～21:00(最終受付)

1. 18m×12m、水深1.6mのガーデンプール(4～10月のみ) 2. 約60㎡のエグゼスフロア。安らぎを感じる和のテイストを取り入れている 3. ジャクジーやサウナを完備するアクアスペース 4. 世界中で愛されるフランスのプロフェッショナル・スパブランド「ソティス」のトリートメントで癒やしのひととき 5. 一人一人の肌質に合った最適なスキンケアメニューを用意

ホテルはスパで選ぶ

世界各地で展開する
贅を尽くしたリゾートホテル

オキナワ マリオット
リゾート&スパ

県内最大級の広さを誇るガーデンプールと、全室オーシャンビューの開放的な客室で、南国ステイを満喫できる。カップルルームも完備されたエステティックサロン、フィットネス、5種類のバスが楽しめるスパなど、心身ともに癒やされるサービスが充実。

HOTEL DATA

☎ 0980-51-1000　名護 MAP 付録 P.9 F-1

⚑ 名護市喜瀬1490-1　🚗 許田ICから約6km／那覇空港から沖縄自動車道利用で、車で1時間10分　🅿 298台(有料)　in 15:00　out 11:00　🛏 361室(全室禁煙)　💴 スーペリアルーム1泊2食付1万2400円～

FACILITY

屋外プール、エステ、スパ、フィットネス、ネイルサロン、5つのレストラン、ラウンジなど

1. ビーチではジェットスキーなどアクティビティも楽しめる　2. 血行を促進するアロマオイルを使った爽快なバス　3. それぞれに合った理想の「アンチエイジング効果」を提供してくれる　4. ゆとりあるレイアウトのユニバーサルルーム　5. 光あふれるロビー　6. 全長170mのガーデンプールは県内最大級

特集 ● 素敵な時を過ごす極上空間へ

1

2

RELAXATION
主なスパメニュー

● バランシング フェイシャル トリートメント
限られた時間のなかでも上質な素肌美に磨き上げる。1万6500円(75分)
● ボディケア トリートメント
古い角質をやさしく取り除き、肌をなめらかに整える。1万9800円(90分)

クレエデュ美
⏰ 11:00～21:00(最終受付)

3

4

5

6

健康美をテーマにしたエステと
天然温泉で至福の滞在を
ホテル オリオン
モトブ リゾート&スパ

備瀬のフクギ並木のなか、南国の花の香りに包まれたリゾート。全室50㎡以上のバルコニー付きオーシャンビュー。自然の恵みと太古の海水を活用したタラソテラピースパでは、パックやスクラブ、マッサージなど琉球ならではの施術プログラムが受けられる。

HOTEL DATA

☎ 0980-51-7300　本部 MAP 付録 P.4 C-2
所 本部町備瀬148-1　許田ICから約29km／那覇空港から沖縄自動車道利用で、車で1時間40分　P 200台　in 14:00　out 11:00　室 238室（全室禁煙）予約 オーシャンツイン1泊2食付1万2800円～

FACILITY

3つのプール、エステ、ジュラ紀温泉、5つのレストラン、ラウンジ、宴会場、ショップ、琉球庭園・イベント広場など

1. 地下1500m、約2億年以上前の地層から汲み上げる古代海水を利用したタラソプール　2. 琉球古代海水の水流マッサージバス「バンジェ」で疲れを癒やす　3. 伊江島を望むパノラマオーシャンビューが魅力のオーシャンツイン

RELAXATION
スパとのセットメニュー
● タラソスパ&ランチセット
平日3200円、土・日曜、祝日3800円
● タラソスパ&ディナーセット
1万8000円

タラソスパ バベルメール
☎ 0980-51-7222
営 9:00～18:00（最終受付）

ホテルはスパで選ぶ

バルコニー付きの個室サロンと
美景ダイニングを満喫
ココ ガーデンリゾート
オキナワ

亜熱帯の自然に包まれたプライベートリゾート。木のぬくもりを感じるシックで落ち着いた客室は、コテージタイプやキッチン付きなど多彩。スパサロンでは、沖縄素材を使ったハンドマッサージを主体にしたメニューを用意している。

HOTEL DATA

☎ 098-965-1000　うるま MAP 付録 P.8 C-4
所 うるま市石川伊波501　石川ICから約3km／那覇空港から沖縄自動車道利用で、車で50分　P 40台　in 14:00　out 11:00　室 96室　予約 ガーデンデラックスツイン1泊朝食付1万4000円～

FACILITY

屋外プール、ライブラリー、テニスコート、エステ、レストラン、バー、ショップなど

RELAXATION
主なスパメニュー
● コンビネーショントリートメントコース
ハイビスカスやウコンなど天然素材のスクラブパックで、肌に活力を与える全身のトータルケアのコース。
1万3200円（90分）／1万6500円（120分）
● ガーデンヒーリング（夏季限定）
専用カバナで行うリラクセーションマッサージ
フットトリートメント6600円（30分）／ボディリンパマッサージ8800円（40分）

ココスパ　☎ 098-964-4457
営 12:00～23:00（受付は～21:00）

1. ピラティスやガーデンヨガなど、スローエクササイズでリラックス　2. オーダーメイドの家具や調度品がおしゃれなガーデンデラックスツイン　3. プールサイドの専用カバナでは、夏季限定のガーデンヒーリングも行う（6月～9月中旬）

おこもりスタイルで過ごす
プライベート・ヴィラ

沖縄の大自然に囲まれた眺望抜群の隠れ家で暮らすようにリゾートライフを楽しんで。

高台の立地を生かした、海につながっているかのようなプールから望む絶景は感動必至!

特集●素敵な時を過ごす極上空間へ

静かな隠れ家ヴィラで絶景プールにたゆたう休日

chillma
チルマ

全4室のプチホテルで、オーシャンビューの客室はすべて52㎡以上と広々。美しいビーチが数多いことで知られる今帰仁村の高台に位置し、視界いっぱいに広がる海との一体感が素晴らしいインフィニティプールが評判だ。

☎ 050-5810-3978
今帰仁 MAP 付録P.5 F-2
⊕今帰仁村運天506-1
⊗許田ICから約25km／那覇空港から沖縄自動車道利用で、車で1時間30分
Ⓟ8台
in 14:00 out 10:00 ☖4室(全室禁煙)
料金 1泊素泊まり1室7万9000円～

1. 東シナ海に溶け込むようなインフィニティプールが自慢 2. デッキでのんびりする時間が最高のリフレッシュになる 3. バスルームからも東シナ海の絶景を眺められる 4. リビング、キッチンも備えているので、長期滞在やグループでの利用にも 5. 沖縄の自然に溶け込むアースカラーの建物は南欧のリゾートを思わせる

波音に癒やされながら
絶景ルーフテラスで過ごす

WASSA WASSA
ワッサ ワッサ

大宜味の美しい海とやんばるの森に囲まれた1日2組限定の小さな宿。ファミリーには畳を用意してくれるなど、温かくきめ細かいホスピタリティがうれしい。各部屋はプライベートガーデンとパティオ付き。

☎0980-50-2500
大宜味 MAP 付録P.3 D-3
所 大宜味村根路銘97 許田ICから約28km／那覇空港から沖縄自動車道利用で、車で1時間45分 P 8台 in 16:00 out 10:00 室 2室（全室禁煙） 予算 オーシャンフロントスーペリアツインルーム1泊朝食付1万2500円～

1. 遠く古宇利島まで望めるオーシャンビューのテラス。水着で楽しめる陶製露天風呂が2つある 2. 3.3mの高い天井、34㎡の広々した客室 3. 調理師のオーナー夫妻が作る「大宜味でしか食べられないもの」「できるだけとれたてのもの」「体に良いもの」をコンセプトにした食事も評判だ

広いルーフテラスでは、絶景を眺めながら食事や露天風呂が楽しめる。夜は満天の星空も

ビーチフロントに建つ
コンドミニアムタイプのヴィラ

コルディオ
プール&ヴィラズ 済井出
コルディオ プール&ヴィラズ すむいで

沖縄本島北部の車で行ける離島・屋我地島のビーチフロントに建つプール付きのヴィラ。各棟にリビングやキッチン、浴室、冷蔵庫などを完備。暮らすようにリゾートライフを楽しむことができる。

☎098-960-0056
屋我地島 MAP 付録P.5 F-2
所 名護市済井出218-14 許田ICから約21km／那覇空港から沖縄自動車道利用で、車で1時間20分 P あり（各棟2台まで） in 15:00～19:00 out 10:00 室 21棟 予算 1棟1泊4万7300円～

1. どの棟も100㎡を超えるゆったりとした造り 2. 海までは徒歩2分の距離 3. 寝室はセミダブルのベッドが置かれた洋室2室と和室がある 4. すべての棟にプライベートプールが備えられている

プライベート・ヴィラ

パラソルやデッキチェアが置かれたプライベートプールでゆったりと贅沢なひとときを過ごしたい

世界最大級の水槽で沖縄の海の神秘を体感

国営沖縄記念公園（海洋博公園）
沖縄美ら海水族館

こくえいおきなわきねんこうえん（かいようはくこうえん）おきなわちゅらうみすいぞくかん

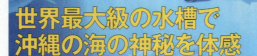

スケール満点
国内屈指の
人気水族館

沖縄の豊かで美しい海中世界をスケール満点に紹介し、日本一の人気を誇る水族館。
巨大水槽を悠々と泳ぐジンベエザメやマンタ。
「美ら海」の魅力を知る。

アクアルームでは、頭上をマンタやジンベエザメが悠々と泳いでいくさまが眺められる

特集●沖縄美ら海水族館

大スケールの展示水槽と工夫された展示内容が見事

　約570種の海の生き物を飼育する世界有数の水族館。浅瀬や黒潮の海、深海と、エリアごとに分かれた水槽で、沖縄周辺の海を自然に近い状態で再現。カラフルな熱帯魚が泳ぐサンゴ礁の水槽や、巨大な回遊魚が遊泳する大水槽で、ダイナミックな沖縄の海をまるごと体感できる。
　それぞれの水槽を紹介する解説プログラムも充実。ジンベエザメの複数飼育やナンヨウマンタの繁殖など、多くの世界初記録でも知られる。

「黒潮の海」はここに注目!!

ジンベエザメとマンタの複数飼育は世界初
生態に謎が多く、困難とされた2種の魚類の複数飼育に世界で初めて成功した。

世界一！ジンベエザメの飼育最長記録
1995年に水族館にやってきたオスのジンタは、今も最長飼育記録を更新中。

ジンベエザメのジンタは世界最大
ジンタは全長8.8m、体重6t（2018年1月現在）。大きさの記録も更新中だ。

世界初！ナンヨウマンタの出産に成功
2007年に世界初出産に成功。その後も繁殖に成功している。

日本初！ブラックマンタの展示
2015年12月から、ナンヨウマンタの黒化個体「ブラックマンタ」を展示。

見学information

アクセス

那覇空港	
6km・15分	那覇空港からやんばる急行バス、高速バス117番（急行）、空港リムジンバスが利用できる
豊見城・名嘉地IC	
那覇空港自動車道・沖縄自動車道 67km・1時間	約2時間30分～3時間
許田IC	記念公園前バス停
28km・50分	徒歩5分
沖縄美ら海水族館	

車で約2時間　沖縄美ら海水族館
沖縄本島
バスで約2時間30分～
那覇空港

沖縄美ら海水族館
おきなわちゅらうみすいぞくかん
本部 MAP 付録 P4 C-2

☎0980-48-3748　所本部町石川424　国営沖縄記念公園（海洋博公園内）　営8:30～20:00（入館締切19:00）10～2月は～18:30（入館締切17:30）　休12月第1水曜とその翌日　料1880円、高校生1250円、小・中学生620円、6歳未満無料　交許田ICから約28km／那覇空港からやんばる急行バス、高速バス117番（急行）、空港リムジンバスで2時間30分～3時間、記念公園前バス停から徒歩5分　Pあり（海洋博公園駐車場利用）

沖縄美ら海水族館 館内

- サンゴ礁への旅 個水槽
- 美ら海シアター
- サメ博士の部屋
- アクアルーム
- 深海への旅 個水槽
- 深層の海
- イノーの生き物たち
- サンゴの海
- レストラン「イノー」
- 黒潮の海
- 熱帯魚の海
- カフェ「オーシャンブルー」
- シャークスタンド
- 琉球弧の水辺

写真提供：国営沖縄記念公園（海洋博公園）・沖縄美ら海水族館

（3階から1階へ ▶ 浅瀬から深海へ）
きらめく海の旅

沖縄の海に潜るように巡る
海人門を抜け、入口へ。サンゴ礁の浅瀬から始まり館内を進むごとに、より深い海の世界が広がる。

◆最初にあるのは海人門（ウミンチュゲート）

サンゴ礁への旅　3F-2F

サンゴ礁域に暮らす生き物を紹介。自然光の差し込む明るい水槽内には、多種多様なサンゴが育ち、色とりどりの熱帯魚たちが群れをなして泳いでいる。

3F　ヒトデやナマコをさわろう
イノーの生き物たち

サンゴ礁に囲まれた浅い海（イノー）に棲む生き物を間近で見られるタッチプール。水中でヒトデやナマコの独特な感触を楽しもう。

アオヒトデ
体色は青色だけでなく、オレンジ色をした個体もいる。

マンジュウヒトデ
名前のとおり、五角形や円盤状にふくれている形

太陽光を浴びるサンゴ
サンゴの海

ミズタマサンゴ
奄美大島以南に分布し、ブドウの房のような姿をしている

解説
水槽解説（10分）
10:30／12:30／14:30

約70種450群体の造礁サンゴが大きな水槽で飼育されている。サンゴの周りには、そこを棲み処やエサ場とする魚たちの姿も見られる。

カブトサンゴ
奄美大島以南に分布。ドームのような、ヘルメットのような姿

注目　生きたサンゴの大規模飼育展示は世界初
自然光と新鮮な海水を使ったシステムでサンゴの大規模飼育に成功した。

カラフルな熱帯魚たち
熱帯魚の海

解説
水槽解説（15分）
11:00／15:30
給餌解説（15分）
13:00

浅い岩場や砂地、暗い洞窟など、沖縄周辺の海中を再現した水槽。鮮やかな熱帯魚をはじめ、約130種の生き物を飼育。

ハマクマノミ
目の後ろの一本線が特徴。奄美大島以南に分布する

ツノダシ
長く伸びた背びれが美しい。突き出た口でエサをついばんで食べる

2F　季節ごとにレアな生き物も登場
サンゴ礁への旅 個水槽

普段は見つけにくい、サンゴ礁に暮らす生き物を大小30の個水槽で紹介。

ニシキアナゴ
砂地に穴を掘って生息し、頭と体の上部が飛び出している愛らしい姿で人気

琉球弧の水辺

奄美から沖縄、八重山まで弓状に連なる島々「琉球弧」。その森や河川などに棲む沖縄の希少な淡水魚を中心に展示。

特集●沖縄美ら海水族館

※2020年11月現在、「イノーの生き物たち」は観覧のみです。「サンゴの海」「熱帯魚の海」での解説は中止しています。

写真提供：国営沖縄記念公園（海洋博公園）・沖縄美ら海水族館

黒潮への旅 2F-1F

ジンベエザメやマンタが貫禄たっぷりに泳ぐ大水槽「黒潮の海」は、水族館のいちばんの人気スポット。ジンベエザメやマンタの食事シーンもぜひ見ておこう。

サメの本当の姿を知っておこう
2F サメ博士の部屋

水槽に7種類のサメが泳ぎ、サメやエイの皮の標本やサメのアゴの標本も展示。サメについて詳しく学ぶことができる。

沖縄の海を美しい映像で観る
美ら海シアター 2F

沖縄の海洋生物の生態や沖縄の人々と海のつながりについて、約20分のハイビジョン映像で紹介。沖縄の海や水族館の生き物の魅力をより深く学ぶことができる。

巨大回遊魚の迫力に圧倒
1F 黒潮の海

幅35mの巨大水槽には、回遊魚など約70種の海の生き物を飼育。ジンベエザメやナンヨウマンタが複数泳ぐ姿は世界でも珍しい。

ナンヨウマンタ
体幅最大4m。オキアミ類など小さなプランクトンを食べる

トラフザメ
全長は2mほどになる。大人と子どもで模様が異なる

※2020年11月現在、「美ら海シアター」は上映を中止しています。「黒潮の海」「黒潮探検（水上観覧コース）」での解説は中止しています。

ジンベエザメ
全長約14mにも成長する。魚類最大で、白の斑点模様が特徴。小さなプランクトンを食べる温厚なサメだ

ジンベエザメの食事シーンは必見。大きな体を垂直に立て、立ち泳ぎで食べる姿はダイナミック。1日2回(15:00／17:00)の給餌解説で見られる

解説
水槽解説(15分)
11:30／13:30
給餌解説(15分)
9:30／15:00／17:00

ブラックマンタ
ナンヨウマンタは、通常背面が黒く腹面は白いが、腹面も真っ黒な個体は珍しい

きらめく海の旅

黒潮の海 はココから見る

アクアルーム 1F
半ドーム状のアクリルパネルの上を、大きなマンタが悠々と泳ぐ姿が眺められる。

カフェ「オーシャンブルー」 1F
軽食を楽しみながら、のんびり大水槽が眺められるスポット。 ◆P.65

シャークスタンド 2F
大水槽正面奥上段に席が設けられたシャークスタンドは、絶好の撮影ポイント。

黒潮探検（水上観覧コース） 1F
大水槽を水上デッキから自由に見学できる。

観覧
8:30〜11:00
(最終入場10:45)
17:30〜閉館
(最終入場は閉館の15分前)
水槽解説(20分)
9:30／10:00／10:30／18:00／18:30＊／19:00＊
＊は3〜9月のみ

写真提供：国営沖縄記念公園（海洋博公園）・沖縄美ら海水族館

深海への旅 1F

光が届かない深海に暮らす生き物たちはユニークな姿の仲間が多い。まだまだ多くの謎が残された深海魚の棲む、神秘に包まれた水深200〜700mの世界をのぞいてみよう。

不思議な姿の生き物たち
1F 深海への旅 個水槽

大きな目で色鮮やかなオキナワクルマダイやモモイロサンゴなど、深海に棲む個性的な生き物たちをじっくりと観察できる。

オキナワクルマダイ
水深200m付近の砂底に生息している。全長は30cm前後

マダラハナダイ
ピンクの地色に金のまだらという華やかな色彩

光の届かない静かな世界
深層の海

ノコギリザメやイモリザメなど、約30種の深海の仲間が暮らす水槽。暗くて静かな神秘的な深海世界は独特の空気感がある。

ハマダイ
赤色が特徴。食用としても有名な高級魚

オニホウボウ
深海への旅・個水槽に展示されている。2019年に沖縄本島沖、水深約350mの海底から捕獲された

ノコギリザメ
2014年に世界で初めてノコギリザメの繁殖に成功。現在親子で展示されている

海のプラネタリウム

ホタルのように光る魚や、紫外線を反射して光るサンゴが展示されている。暗闇に光またたく様子は、まるで夜空に輝く星のようだ。

マツカサウオ
鎧を着ているような鱗。下あごの一部が発光する

特集●沖縄美ら海水族館

お役立ち information

混雑する時間は?
公式HPや美ら海アプリで、現在の混雑状況が確認できる。

見学所要時間
館内をひととおり見学してまわるには、1時間30分は必要。オキちゃん劇場のイルカショーも見学するなら3時間は欲しい。屋外の周辺施設や観光スポットを巡るなら、半日〜1日がかりのスケジュールを確保しておきたい。

雨の日でも楽しめる?
充実した屋内展示が揃っているので、天候を気にせず楽しむことができる。

チケット
入館券は、入口ロビーにある自動券売機で購入できる。16時以降の入館は、割引料金となる(4時からチケット)。20名以上の団体にも割引が適用される。団体入館券は券売所窓口で購入する。沖縄県内のコンビニエンスストア、道の駅などで、入館料が割引された園外販売券(前売券)が購入できる。

入館時間	8:30〜16:00	16:00〜入館締切
大人	1880円	1310円
高校生	1250円	870円
小・中学生	620円	430円
6歳未満	無料	

再入館
再入館を希望の場合は、水族館入館チケットの半券が必要となるので、なくさないようにしよう。

沖縄美ら海水族館

おみやげ&グルメ

海や巨大水槽を眺めながらランチを食べたり、家族や友だちにオリジナルグッズを買ったり。見学の合間や見学あとに。

ねむたん ジンベエ
もふもふふわふわのぬいぐるみ。女性やお子様へのプレゼントにおすすめ。各2363円

ショップ「ブルーマンタ」
美ら海プラザ
限定フィギュアもある

ぬいぐるみや文房具など、海の生き物たちをモチーフにした多種多様なオリジナルグッズ、お菓子などの沖縄みやげも手に入る。

海のいきものクリップ
マンタやジンベエザメの姿のクリップ。オフィスでも楽しく使えそう。330円

美ら海水族館オリジナル入れ子ランチ
大きさ、色も3種類のセット。蓋をはずせば、電子レンジも使用OK。1260円

ブックマーカー
マンタやクマノミ、ジンベエザメが描かれたブックマーカーは旅の記念に。各528円

オリジナルステンレスボトル
保温・保冷機能付きで一年を通して使用できる。スリムで持ち運びもしやすい。1600円(200㎖)、1800円(300㎖)

レストラン「イノー」
4F
海を見ながらランチ

東シナ海を望む絶好のロケーション。ランチタイムには、沖縄の食材を生かした食事が楽しめる。水族館に入館しなくても利用可能。

沖縄美ら海水族館マーブルショコラパイ 紅芋風味
ほんのり紅芋風味のショコラパイ。24個入りなので学校や家族へのおみやげにおすすめ。1080円

国産爪切り紅型黒潮
紅型風のデザインがかわいい。色はピンクとブルーの2色、各990円

MASSCOOL+
かわいい生き物たちが描かれたマスクで、普段使いにもぴったり。各620円

ジッパーバッグ
旅行や日常生活でも活躍しそう。3サイズ1組880円

カフェ「オーシャンブルー」
1F
マンタを見ながら小休止

黒潮の海の巨大水槽を眺めながらひと休みできるスポット。軽食やアイスなどのスイーツ、ドリンクが楽しめる。

きらめく海の旅／おみやげ&グルメ

美ら海アプリ
沖縄美ら海水族館滞在中、GPSを ONにして「案内モード」にすると、館内の最新情報やタイムリーな話題をキャッチできる。展示水槽の音声ガイド、混雑状況などもわかるので便利。

かざすAI図鑑
美ら海アプリ内の新機能。アプリ画面から「かざすAI図鑑」を起動し、スマートフォンなど端末のカメラを水槽の生物にかざすと、瞬時に生物名と解説が表示される。スタッフによるオリジナル解説が表示されることも!

プログラムガイド
公式HPのプログラムガイドなどでプログラムの実施時間を調べ、あらかじめ見学スケジュールを立てておきたい。屋外施設の見学を上手に組み合わせるのがコツ。

レストラン&カフェ
軽食も用意したカフェやオーシャンビューのレストランがある。水族館がある海洋博公園内には、ほかにも軽食が食べられる複数の飲食店がある。

館内設備
カフェやレストランのほかにも、入口ロビーにはATMやコインロッカー(有料)を設置。授乳室は館内2カ所にあり、給湯器付きの流し台やソファも用意している。ベビーシート付きのトイレも多い。館内は段差を避けたバリアフリー対応なので、移動もスムーズ。
※ベビーカー、車いすはP7駐車場1階に貸し出し所あり。(台数に限りがあります。予約不可)

写真提供:国営沖縄記念公園(海洋博公園)・沖縄美ら海水族館

(水族館の周りでも海の生き物たちのサプライズが楽しめる)
国営沖縄記念公園（海洋博公園）
こくえいおきなわきねんこうえん　（かいようはくこうえん）
MAP 付録P.4 C-2

水族館周辺には、海の生き物展示施設が集中。イルカやウミガメ、マナティーなどの愛らしい生き物たちに会える。

海を背景にイルカショー
オキちゃん劇場
MAP 付録P.4 C-2

イルカたちの運動能力を生かしたユニークなショーを無料で楽しめる。水中を観察できるプールもあり、イルカの生態についての解説が聞ける。🈚無料

● ダイバーショー

プールのガラス面からイルカの水中の様子を観察。イルカについての解説も行う。

SCHEDULE
12:00／14:00
／15:30
（15分）

沖縄美ら水族館周辺

マナティー館
ウミガメ館
イルカラグーン
オキちゃん劇場
ショップ「ブルーマンタ」
総合休憩所（美ら海プラザ）
沖縄美ら海水族館
北ゲート駐車場（P7）
総合案内所（ハイサイプラザ）
海洋文化館
中央ゲート南駐車場（P3）
熱帯ドリームセンター
熱帯・亜熱帯都市緑化植物園
🚻トイレ　Ｐ駐車場

● イルカショー

イルカのオキちゃんとその仲間たちが華麗な大ジャンプやユニークなダンスを披露。

SCHEDULE
10:30／11:30
／13:00／
15:00／17:00
（10分）

イルカ体験学習

イルカタッチやエサやり体験、飼育施設のバックヤード見学ができる。参加は6歳以上。
💴1000円

SCHEDULE
9:30／13:30
／16:00
（30分）

● ウミガメ給餌体験

ウミガメ館のプール脇からウミガメにエサを与えることができる。
💴500円。エサの販売は、ウミガメ館メインプール1階（屋外）

SCHEDULE
11:00／14:00
各回売り切れまで

イルカを間近で観察
イルカラグーン
MAP 付録P.4 C-2

イルカが間近で見られる。有料でエサやりもできる。

● イルカ給餌体験

ラグーン上のデッキから、イルカのエサやりを体験。予約不要。💴エサ（1セット）500円。エサの販売はオキちゃんショップ店内で9時15分から。各回購入可で売り切れ次第終了。

SCHEDULE
9:30／11:00／
13:30／15:30

産卵用の砂場もある
ウミガメ館
MAP 付録P.4 C-2

ウミガメの泳ぐ姿を水上や地階の観覧室からじっくり観察できる。
🈚無料

➡ウミガメ5種を飼育

特集　●沖縄美ら海水族館

※2020年11月現在、「オキちゃん劇場のダイバーショー」「イルカ体験学習」は中止しています。

写真提供：国営沖縄記念公園（海洋博公園）・沖縄美ら海水族館

ACTIVITY
Okinawa

遊ぶ

❖

息をのむほどに青く透き通った海、
神秘的な山々や森。
眺めているだけではもったいない。
自然のなかへ分け入って、
澄んだ水や空気に触れ、
そこに棲む生き物たちとの
遭遇を楽しみたい。

美しく雄大な
自然を
全身で感じる

心が癒やされるグラデーションブルーの海
美らビーチセレクション

青い海と真っ白な砂浜、
そんな楽園のような景色を眺めながらゆったりと過ごしたい。
アクティブ派にはマリンスポーツもおすすめ。

遊ぶ●アクティビティ

サラサラの砂浜をの
んびり散歩するのも
おすすめ

本島北部
ほんとうほくぶ

沖縄美ら海水族館周辺の
とっておきビーチへ

E 水納ビーチ
みんなビーチ

透明度抜群のきれいな海

水納島 MAP 付録P.4 B-3

周囲4kmほどの小さな水納島にある。海は透き通るような美しさで、小さなビーチながら夏には観光客が多く訪れる。アクティビティもあり。

☎0980-47-5572 所本部町瀬底 交本部の渡久地港から船で15分 Pなし
遊泳期間 4～10月 期間中無休
遊泳時間 9:00～17:30（船の運航時間により異なる） 施設使用料 無料 設備 トイレ、シャワー、更衣室、コインロッカー、売店、ビーチパラソル

➡真っ白な砂と透明度の高い海が魅力

B 古宇利ビーチ
こうりビーチ

橋のたもとにある人気スポット

古宇利島 MAP 付録P.5 F-2

「恋の島」古宇利島の入口、古宇利大橋のたもとに広がる人気ビーチ。海水浴を楽しむ観光客や白浜を散策するカップルで賑わう。夕日の眺めも美しい。

☎0980-56-2256（今帰仁村経済課商工観光課）
所今帰仁村古宇利 交許田ICから約24km
P100台（無料）
遊泳期間 4月下旬～10月中旬 期間中無休
遊泳時間 9:00～18:00 施設使用料 無料
設備 トイレ、シャワー、更衣室、コインロッカー、売店、ビーチパラソル

※設備利用には、別途料金がかかる場合があります。

沖縄ビーチの基本を知る

ビーチの種類
沖縄のビーチは、自然の浜をそのまま生かした天然ビーチ、砂を入れて整備した人工ビーチがある。ビーチの種類は、市町村が管理するパブリックビーチ、リゾートホテルが管理するプライベートビーチ、設備などがない自然のままの「いちゃんだ(無料)ビーチ」があるので、目的に合わせて選びたい。

ホテルビーチの利用法
ホテルが管理するプライベートビーチも、施設利用料を支払えばビジターも利用OK。整備が行き届き、監視員が常駐するなど安全面でも安心。ホテルならではのリゾート感あふれる雰囲気が満喫でき、最新のマリンアクティビティをはじめレストランやエステなどプラスアルファの楽しみも満載だ。

海水浴の期間は4〜10月
温暖な気候の沖縄だから一年中泳げると思われがちだが、管理されたビーチのほとんどは、海開きが行なわれる4月頃から10月頃までに遊泳期間が定められている。海開き直後は水温も低く、肌寒い日があるので要注意。梅雨が明けて夏本番に入る6月下旬〜9月頃までが、海水浴のベストシーズン。

ビーチハウスの使い方
市町村が管理するパブリックビーチには、本土のビーチのように「海の家」がないが、シャワー、更衣室、トイレ、ロッカー、売店などが完備されたビーチハウスのような施設がビーチのほとんどにあるので、手軽に快適に海水浴が楽しめる。管理者によって利用条件や料金が異なるので、事前に調べておこう。

アクティビティを楽しむ
沖縄の美しい自然をとことん満喫するなら、リゾートアイランドならではのさまざまなアクティビティにチャレンジしてみよう！バナナボートやパドルボート、ダイビング、シュノーケル、パラセイリングなど、海上・海中・空の上から楽しめるプログラムが勢揃い。申込は、パブリックビーチやリゾートホテルのマリンカウンターほか、県内のマリンショップにて行う。事前予約が必要な場合が多いので、各ビーチやショップなどに問い合わせてみよう。

ビーチでパーティ？
沖縄の夏の恒例行事といえば「ビーチパーティ」。海辺で昼間からビール片手にバーベキューを楽しみ、泳ぎたい人だけ泳ぐというのが地元流。事前に予約すれば食材の準備から器材の貸し出しまでしてもらえ、手ぶらでバーベキューが楽しめるというビーチも多いので、沖縄スタイルで海を楽しんでみては？

美らビーチセレクション

↑紺碧の海と大空が目の前一面に広がる

ホテルで受付

A オクマビーチ
オクマ プライベートビーチ&リゾート

エメラルドグリーンの海と白砂
国頭 MAP 付録P.3 D-2

真っ白な天然の砂浜が約1kmも続く、ホテルのプライベートビーチ。周囲の自然を生かしたスケールの大きいリゾートが楽しめる。

☎0980-41-2222 所国頭村奥間913 交許田ICから約35km P150台(有料)
遊泳期間 通年 休無休 遊泳時間 9:00〜18:00(季節により変動あり)
施設使用料 1100円(宿泊客は無料)
設備 トイレ、シャワー、更衣室、コインロッカー、売店、ビーチパラソル

ACTIVITY
**ロケットでGO!
シュノーケルツアー**

海上で爽快感と海中の神秘的な世界を一度に楽しめる人気アクティビティ。約40分、1日4回催行。料3300円、子供(6歳〜小学生)2200円

C エメラルドビーチ
国営沖縄記念公園(海洋博公園)

絶景のなかで海水浴
本部 MAP 付録P.4 C-2

伊江島を望む開放感たっぷりのロケーションと広さが魅力。

☎0980-48-2741(海洋博公園管理センター)
所本部町石川 交許田ICから約28km
Pあり(海洋博公園駐車場利用)
遊泳期間 4〜10月 期間中無休
遊泳時間 8:30〜19:00(10月は〜17:30)
施設使用料 無料 設備 トイレ、シャワー、更衣室、コインロッカー、売店、ビーチパラソル

↑美ら海水族館のある公園内に位置する

↑海の透明度は沖縄県でも有数

D 瀬底ビーチ
せそこビーチ

車で行ける離島ビーチ
瀬底島 MAP 付録P.4 C-3

瀬底島の西側にあり、海の透明度の高さは離島ならでは。熱帯魚も多くシュノーケリングに最適。

☎0980-47-2368(管理事務所) 所本部町瀬底 交許田ICから約25km P約250台(有料) 遊泳期間 4月下旬〜10月下旬
休期間中無休 遊泳時間 9:00〜17:00(7〜9月は〜17:30) 施設使用料 無料
設備 トイレ、シャワー、更衣室、コインロッカー、売店、ビーチパラソル

本島中・南部
ほんとうちゅう・なんぶ

那覇中心部からアクセス良好。
個性豊かなビーチ

遊ぶ●アクティビティ

ホテルで受付

B 万座ビーチ
まんざビーチ

ANAインターコンチネンタル
万座ビーチリゾート

沖縄を代表するマリン王国

恩納 MAP 付録P.9 D-2

万座毛に臨み、ダイナミックな自然を
海中・海上・空の上から楽しめる。

☎098-966-1211　所 恩納村瀬良垣
交 屋嘉ICから約7km　P 500台（有料）
遊泳期間 通年　休 無休
遊泳時間 8:00～18:00（季節により変動あり）
施設使用料 無料
設備 トイレ、シャワー、更衣室、コインロッカー、
売店、ビーチパラソル

↑設備が整った、リゾートホテルのビーチ

ACTIVITY
サブマリンJr.II

海中展望船に乗り、
色鮮やかなサンゴ
礁、熱帯魚を見る。
料 3000円、12歳以
下2500円

※設備利用には、別途料金がかかる場合があります。

70

ホテルで受付

D ルネッサンスビーチ

ルネッサンス リゾート オキナワ

エメラルドのプライベートビーチ

恩納 MAP 付録P.8 B-3

環境省の「快水浴場百選」特選。子
どもから大人まで楽しめるメニューが
充実し、ファミリーに人気。

☎098-965-0707　所 恩納村山田3425-2
交 石川ICから約5km　P 200台
遊泳期間 通年　休 無休
遊泳時間 8:00～19:00（季節により変動あり）
施設使用料 3300円（宿泊客は無料）
設備 トイレ、シャワー、更衣室、コインロッカー、
売店、ビーチパラソル

ACTIVITY
ドルフィンプログラム

人なつっこいイルカたちとふれあえるプロ
グラム。浅瀬で遊
んだり、一緒に泳い
だり、癒やし度満点
の体験ができる。
3300～9万2400円

↑30種以上のさまざまなマリンメニューを用意

A ミッションビーチ

外国のような雰囲気の空間

恩納 MAP 付録P.9 E-1

アメリカンスタイルのビーチで、プライベ
ート感たっぷり。

☎098-967-8802　所 恩納村安富祖
交 屋嘉ICから約12km　P 100台（300円）
遊泳期間 4月下旬～10月　休 期間中無休
遊泳時間 9:00～18:00　施設使用料 300円
設備 トイレ、シャワー、更衣室、売店、ビーチパラソル

↑こぢんまりとした天然の穴場ビーチ

ホテルで受付

C ムーンビーチ

ホテル ムーンビーチ

三日月形の天然ビーチ

恩納 MAP 付録P.8 C-3

南国の花や亜熱帯植物に囲まれたホテ
ルのビーチで、トロピカルムード満点。
マリンメニューも多彩。

☎098-965-1020　所 恩納村前兼久
交 石川ICから約4km　P 350台（有料）
遊泳期間 通年　休 無休　遊泳時間 8:30～
18:00（時期により変動あり）
施設使用料 1000円　設備 トイレ、シャワー、更
衣室、コインロッカー、売店、ビーチパラソル

↑椰子の木や花々が南国ムード満点

F トロピカルビーチ

ぎのわん海浜公園

ビーチパーティのメッカ
宜野湾 MAP 付録P.13 E-1

宜野湾市の西海岸に位置し、気軽に立ち寄れる都市型ビーチ。

○手ぶらでビーチパーティが可能

☎098-897-2759 所宜野湾市真志喜 交西原ICから約6km P180台 遊泳期間 4月下旬〜10月 休期間中無休 遊泳時間 9:00〜19:00(変動あり) 施設使用料 無料 設備 トイレ、シャワー、更衣室、コインロッカー、売店、ビーチパラソル

E アラハビーチ

安良波公園

アメリカンなタウンビーチ
北谷 MAP 付録P.11 D-2

北谷町の安良波公園内。ビーチ周辺にはおしゃれな飲食店が集まる。

○公園とひと続きの人工ビーチ

☎098-926-2680／11月〜4月上旬は098-936-0077(北谷地域振興センター) 所北谷町北谷 交北中城ICから約5km P386台 遊泳期間 4月中旬〜10月 休期間中無休 遊泳時間 9:00〜18:00(季節により異なる) 施設使用料 無料 設備 トイレ、シャワー、更衣室、コインロッカー、売店、ビーチパラソル

H 美々ビーチいとまん
びびビーチいとまん

一年中BBQが楽しめる
糸満 MAP 付録P.10 A-4

糸満市にあり、那覇から20〜30分の好アクセス。BBQのほか話題のマリンアクティビティも楽しめる。

○海を眺めながらバーベキューを

☎098-840-3451 所糸満市西崎町 交豊見城・名嘉地ICから約7km P620台(有料) 遊泳期間 4月上旬〜10月 休期間中無休 遊泳時間 9:00〜18:00(7・8月は〜) 施設使用料 無料 設備 トイレ、シャワー、更衣室、コインロッカー、売店、ビーチパラソル

G 豊崎美らSUNビーチ
とよさきちゅらサンビーチ

空港からいちばん近い
豊見城 MAP 付録P.10 A-3

アウトレットモールなどがある豊崎に立地。那覇空港まで車で約15分なので、帰る前のひと泳ぎに◎。

☎098-850-1139 所豊見城市豊崎 交豊見城・名嘉地ICから約4km P800台(有料) 遊泳期間 4〜10月 休期間中無休 遊泳時間 9:00〜18:00(7・8月は〜19:00) 施設使用料 無料 設備 トイレ、シャワー、更衣室、コインロッカー、売店、ビーチパラソル

○展望台から水平線を一望。夕日も素晴らしい

I あざまサンサンビーチ

南部屈指の大型ビーチ
南城 MAP 付録P.10 C-3

知念半島の安座真港に隣接し、久高島などを望む。あずま屋や設備も整っていて、子ども連れも安心。

☎098-948-3521 所南城市知念安座真 交南風原北ICから約16km P350台(有料) ○遊泳エリアが広く、アクティビティも充実 遊泳期間 4〜10月 休期間中無休 遊泳時間 10:00〜18:00(7・8月は〜19:00) 施設使用料 無料 設備 トイレ、シャワー、更衣室、コインロッカー、売店、ビーチパラソル

美らビーチセレクション

世界屈指の透明度を誇る海を遊び尽くそう
ケラマブルーの海へ

慶良間シーカヤック&シュノーケリング

那覇から日帰りもできる、慶良間諸島。「ケラマブルー」と呼ばれる青い海が広がる。カヤックの上から、海の中から美しい海を堪能しよう。

遊ぶ アクティビティ

世界中のダイバーが憧れる、透明度の高い海で知られる慶良間諸島。日本のサンゴの約6割がここに生息しているともいわれ、サンゴ礁が育む豊かな生態系が見られる。シュノーケリングはもちろん、夏は白いビーチでの海水浴、冬はホエールウォッチングも楽しめ、那覇から日帰りできる離島として、観光客の人気も高い。
2014年には日本で31番目の国立公園として「慶良間諸島国立公園」にも指定され、注目を集めている。

SCHEDULE 所要5時間30分

10:00 ショップに集合。日によって開催時間が変わることもある。当日、那覇から参加する場合も、あらかじめ水着を着ておこう。
➡ショップは温水シャワー完備

10:20 まずはビーチでカヤックの講習を受ける。漕ぎ方や安全講習をしっかりレクチャーしてくれるので、初めてでも安心。
➡シュノーケルセットも無料レンタルできる

11:00 いよいよ阿真ビーチからカヤックで漕ぎ出し、無人島へ向けて出発！体力やレベルに合わせてガイドがコースを調整してくれる。
➡パドリングのコツをつかめば、すいすいと進む

↑すぐ近くで泳ぐ色とりどりの魚に感激

↑数十m先まで見通せる透明度

↑潮が合えばウミガメに出会えることも

↑水族館で見るような風景が目の前に

那覇から日帰り可

慶良間シーカヤック＆シュノーケリング 1DAYツアー

シーカヤックとシュノーケリングで座間味島の海が満喫できる人気の1日コース。無人島に上陸してたっぷり海遊び。運が良ければウミガメに会えることもある。

料 1万2500円　催行 通年　所要 5時間30分(10:00～)
予約 前日17時までに電話／メール／FAX／Webで要予約
参加条件 4歳以上(12歳以下は大人の同伴が必要、70歳以上は要相談)
●ツアーに含まれるもの　シーカヤックとシュノーケル装備、ライフジャケット、防水バッグ、ランチ、ドリンク、ガイド、保険(冬はシュノーケルは選択制)

ケラマカヤックセンター

☎098-896-4677　　　座間味島 MAP 本書P.2 A-2
所 座間味村座間味125-2　営 9:00～18:00(冬季は～17:30)
休 不定休　交 座間味港から徒歩5分。那覇からのアクセスは、泊港からフェリーと高速船が運航。座間味島へのフェリーは1日1便、所要2時間。高速船は1日2～3便、所要50分

↑砂浜が美しい無人島に到着

ツアー参加のQ&A

Q 参加するときの服装・持ち物は？
A 水着、ラッシュガード・サーフパンツ、ビーチサンダルやマリンシューズなどの濡れてもいい服装で。日焼け止め・帽子などで日焼け対策も忘れずに。飲み物、タオル、帰りの着替え、また念のために保険証のコピーも持参しておくとよい。

Q 悪天候の場合は？
A 雨天・強風などでやむなく中止することも。中止の場合、前日の夕方か、当日朝8:20頃までに連絡がある。

Q 那覇から日帰りの場合、行き帰りはどうする？
A 船舶は、必ず始発の高速船、最終の高速船を予約しよう。満席になることもあるので早めに手配を。

慶良間シーカヤック＆シュノーケリング

11:30
透明度の高い海でシュノーケリングを楽しむ。慶良間の海を熟知したガイドがサンゴ礁や海の生き物に会えるスポットをご案内します。

→シュノーケリングに最適な遠浅のビーチ

12:30
ランチは無人島でスタッフが作ってくれる。温かい沖縄そばが、遊び疲れた体にうれしい。
→参加者に大好評の沖縄そば。午後に向けて、エネルギーチャージ！

13:00
出発まで島でのんびりしたり、もう1回潜ったり、たっぷり遊んで。ビーチまでの復路もカヤックで。ショップ到着は15:30～16:00頃。
→カヤックの上からもサンゴや魚が見えることも

洞窟に入ると広がる幻想的な青の世界に感動!
神秘的に輝く青の美ら海

青の洞窟シュノーケリング

大人気のシュノーケル&体験ダイビングスポット。自然の偶然が重なり合って生まれた魅惑のブルーを見ずに美ら海は語れない。

その色を見たら誰でもとりこになってしまう「青の洞窟」。洞窟には太陽光線が海底に反射しながら差し込むため、まるで海底が光ってるかのような神秘的な雰囲気に包まれている。海を泳いで約15分で洞窟に行ける手軽さや、洞窟までの間にカラフルなサンゴや熱帯魚と遊べることで、年間通してシュノーケルと体験ダイビングを楽しむ人が絶えない。洞窟がある真栄田岬は本島のちょうど中間地点にあるため、旅の計画にも組み込みやすい。

遊ぶ●アクティビティ

⇨洞窟に向かうシュノーケル体験者。周辺の海域は透明度が高いことでも有名

水着以外は貸してもらえるので、気軽に参加できます!

SCHEDULE 所要2時間30分

10:00 ショップに集合。申込書に記入後、マスクやフィンのサイズを合わせる。シュノーケルの注意点など安全講座もこのときに受ける。
⇨各道具の使い方をしっかりレクチャーしてくれる

10:15 ショップから5分ほど歩いて青の洞窟がある真栄田岬へ。階段を下りると海はもう目の前。夏場は混みあうので譲り合って。
⇨青の洞窟の入口は階段を下りてから右方向にある

10:30 サンゴや熱帯魚を眺めながら青の洞窟へ。洞窟の奥に岩場があり、疲れた人はここで休憩を。ここから見える海の色もきれい。
⇨岩場は暗いうえにゴツゴツしているので細心の注意を払って

ツアー参加のQ&A

Q 参加するときの服装・持ち物は？
A 水着は着用で。マリンブーツ、マスク、フィン、ライフジャケットなど軽器材一式とバスタオルは無料で貸し出し。ウェットスーツも年中貸してくれる。夏は日焼けなどから肌を守るため長袖のラッシュガード着用がおすすめ。帰りの着替えを忘れずに。

Q 悪天候の場合は？
A 基本的には雨天決行。海洋状況が悪い場合はツアー内容に変更も。変更の場合、参加時間の2時間前までに連絡あり。

Q 那覇から日帰りの場合、行き帰りはどうする？
A 送迎は周辺エリア限定なので、那覇から行く場合はレンタカーが便利。高速道路を利用して約1時間とそれほど遠くない。

⬆洞窟内の海水のブルーは、天気や時間帯によってさまざまに変化する

海底がライトアップされたかのような不思議な洞窟内は半径約5mと広くはない

青の洞窟シュノーケル&熱帯魚と遊ぶ美ら海シュノーケリング

青の洞窟を手軽にたっぷり満喫できる初心者向けコース。泳ぎに自信がない人でも、ガイドがサポートしながら案内してくれるので安心して楽しめる。

料4180円 催行通年（雨天決行）
所要2時間30分（8:00/10:00/13:00/15:00）予約当日予約は電話受付／事前予約はWebからも可能 参加条件6歳以上64歳未満（60歳以上は医師の診断書が必要）
●ツアーに含まれるもの 軽器材一式、バスタオル、飲み物、保険、施設利用料、水中デジタルカメラ（SDカードは除く）

マリンクラブ ナギ
☎098-963-0038
恩納 MAP 付録P.8 B-3
所恩納村山田501-3 営7:30〜17:00 休無休 交石川ICから約7km Pあり（20台）

10:45
神秘的なブルーに輝く洞窟内でのシュノーケルは感動間違いなし。海底を泳ぐダイバーから出される泡も光にキラキラ輝いて素敵。
⬇早朝は訪れる人が少なく、水質がクリア

11:00
約10分間、洞窟内を楽しんだら帰路へ。洞窟の外の海ではたくさんの熱帯魚が再び出迎えてくれて、最後まで海遊びを満喫。
⬇人慣れした熱帯魚がエサをおねだりして指をつつくことも

青の洞窟シュノーケリング

コバルトブルーの海に浮かぶ、手つかずの楽園に癒やされる

無人島に渡る

数ある離島のなかでも、ありのままの大自然が満喫できることで人気なのが無人島。海と空がどこまでも広がる秘境リゾートへ。

遊ぶ●アクティビティ

ナガンヌ島
ナガンヌとう
慶良間諸島 MAP 本書P.3 F-2

那覇から船でわずか20分、慶良間諸島の最も東側に、美しい白い砂浜に囲まれた島がある。

那覇市から西に15km、慶良間諸島入口に浮かぶ小さな島。島全体がコーラルサンドと呼ばれる純白の砂浜に覆われ、青く澄んだ海に美しく映える。各種マリンスポーツに加え、シャワーやダイニングなどの設備が揃い、滞在中の快適さは抜群。

ナガンヌは通称で、沖縄方言で「細長いもの」という意味。正式には慶伊瀬(けいせ)島という

←←世界でも有数の透明度の高さを誇り、魚の姿もはっきりと見られる。ぜひともボートシュノーケリングなどに参加したい

日帰り(海水浴)プラン
半日滞在できるスタンダードなプラン。より長く滞在したい人には宿泊できるプランもおすすめ。

料3300〜5900円(シーズンにより変動あり)、別途環境協力金100円(バーベキュー、マリンアクティビティは別料金) 催4〜11月(雨天決行) 所要6時間 予約前日までに電話(予約専用:098-860-5811)、またはナガンヌ島のHP(www.nagannu.com)で受付(満員になり次第締切) 参加条件特になし ●ツアーに含まれるもの 昼食(7〜9月のみ)

とかしき
☎098-860-5860
那覇 MAP 付録P.14 C-2
所那覇市泊3-14-2 営8:00〜18:00(7〜9月は〜19:00) 休無休 交ゆいレール・美栄橋駅から徒歩15分 Pなし

●沖に出て楽しむボートシュノーケリングツアー。6歳から参加できる

コマカ島

コマカじま

南城 MAP 本書P.3 F-3

本島南部の沖合2kmに位置する島。その美しさとアクセスの気軽さから、夏には多くの人で賑わう。

知念岬と久高島の間に位置するコマカ島は、周囲800mほどの小さな無人島。ビーチからサンゴ礁が見られるほど透明度の高い海と、白く細かい砂浜で知られ、その美しさに魅了されてリピーターになる人も多い。ビーチの近くでは多くの熱帯魚が泳ぎ、シュノーケリングで珍しい魚たちとふれあうのも楽しい。

↑ゆっくり歩いても15分ほどで一周できる小島

無人島に渡る

SCHEDULE

所要6時間

- **8:00** 出航の30分前にはツアーの集合場所へ。20分ほどでナガンヌ島に到着。
- **9:00** 滞在中フリータイムは海水浴のほか、オプションでシュノーケリングやオーシャンウォークに参加して、美しい海を大満喫！

↑オーシャンウォークで海中散歩へ

- **12:00** ダイニングテラスで海を眺めながらバーベキュー（3000円〜）！ランチのあとはまたフリータイム。

- **14:00** 帰る前にパームハウス内のシャワールームを利用しよう。さっぱりしたら、帰りのフェリーに乗船し泊港へ。

SCHEDULE

所要6時間

- **9:15** 知念海洋レジャーセンターから定期船で15分。島に到着したら、まずはフリータイムの海水浴を楽しむ。
- **11:00** 1時間のシュノーケリング教室に参加。スタッフがていねいに教えてくれるので、初心者でも安心。

↑魚たちに餌付けしながら泳いでいく

- **13:00** 10人乗りのバナナボートにチャレンジ！スピードが乗ってきたら、振り落とされないように気をつけて！

- **15:15** 帰りの定期船で港へ。レジャーセンター近くには海の家が2軒あり、有料でシャワーと更衣室が利用できる。

↑↑梅雨頃から秋にかけて渡り鳥のアジサシが産卵に来ることでも知られる（上）。レジャーセンター内の売店で、マリングッズもレンタル可（右）

コマカ無人島 送迎コース

上陸の際に足元が海に浸かるので、濡れてもよい服装で訪れよう。また、島にはトイレしかなく、パラソルや昼食など必要なものは持参していく。

料 送迎船往復2500円（マリンアクティビティは別料金、事前にアクティビティと送迎船がセットになったコースに申し込むことも可能） 催行 通年（雨天決行） 所要 15分（片道） 予約 不要 参加条件 特になし

知念海洋レジャーセンター

☎ 098-948-3355 南城 MAP 付録P.10 C-3

所 南城市知念久手堅676

営 9:00〜17:30（10〜3月は〜17:00） 休 無休

交 南風原南ICから約16km P 70台

ブリーチと呼ばれるクジラの大ジャンプ。ホエールウォッチングで最大の見せ場

遊ぶ●アクティビティ

冬の美ら海を訪れる巨大クジラに会いに行く
クジラが跳ぶ海へ
ホエールウォッチング

冬の慶良間諸島近海に、出産・子育てのためにザトウクジラが集結。
全長12m前後、体重25tからなる巨体が繰り出す迫力満点のパフォーマンスに大興奮！

毎年1〜3月になると沖縄はホエールウォッチングのシーズンが到来。本島と慶良間諸島の間の海峡を中心に、出産・子育てのためにザトウクジラが何千kmも離れた北の寒い海域から暖かい沖縄周辺の海域に帰ってくる。ツアーでは回遊するクジラを見学。運が良ければ、クジラは遊泳の合間に巨大な尾びれや胸びれを見せてくれたり、水面を豪快にジャンプするなど、ダイナミックなパフォーマンスでツアー客を楽しませてくれる。

ブロウと呼ばれるクジラの呼吸。いわゆる潮吹き。虹がかかって見えることも

SCHEDULE 所要2時間

10:00 当日、那覇から参加する場合は船で座間味島へ。座間味港のターミナル内で乗船前にツアー中の諸注意などを教えてもらう。

⊕クジラの生態などについての説明もここで

10:30 座間味港を出発。事前情報でクジラが出現した位置へ向かう。クジラはつねに移動するため、発見まで時間を要することも。

12:30 たっぷりクジラの観賞を楽しんだら再び座間味港へ戻る。

⬆クジラを発見したら他の船と譲り合いながらそばへ

↑尾びれを高く持ち上げて水面に激しく叩きつけるテイルスラップ

那覇から日帰り可

ボートウォッチング

ホエールウォッチング協会の人たちが、島の山頂にある展望台から事前にクジラの位置を確認するため、高い確率でクジラに遭遇できるのがうれしい。船は世界有数の透明度を持つ座間味島の港から出発。島周辺の海の美しさも要チェック。

料 6000円　催行 12月下旬〜4月上旬　所要 2時間(10:30／13:00)
予約 前日17時までに電話／メール／FAXで要予約
参加条件 妊婦不可、乳児は海の状況によっては参加不可
●ツアーに含まれるもの　乗船料、保険、ライフジャケット

座間味村ホエールウォッチング協会

☎ 098-896-4141　　　座間味島 MAP 本書P.2 A-2
所 座間味村座間味地先1　営 8:00〜17:00 冬期9:00〜17:30
休 不定休　交 座間味港から徒歩5分
那覇からのアクセスは、泊港からフェリーと高速船が運航。座間味島へのフェリーは1日1〜2便、所要1時間30分。高速船は1日2〜3便、所要50分

ツアー参加のQ&A

Q 参加するときの服装・持ち物は？
A 水しぶきがかかることがあるのでレインコートなどを用意。防寒着も準備しておきたい。ライフジャケットは安全のため着用義務があるので必ず着けること。波があると船酔いしやすいため、自信がない人は事前にエチケット袋をもらおう。

Q 悪天候の場合は？
A 波が高い日や極端に悪天候の日は中止することも。催行するかどうか、当日朝8:30頃までに電話で確認を。

Q 那覇から日帰りの場合、行き帰りはどうする？
A 船舶は、必ず始発の高速船を予約しよう。帰りはフェリーか高速船を選択。満席になることもあるので早めに手配しておこう。

サンセットや朝日を眺めながらウォッチング

朝日が昇る早朝や夕日が沈むタイミングに合わせて出航。日中のホエールウォッチングと異なり、朝日や夕日でオレンジ色に輝く海でクジラを観賞。催行人数2名以上。

サンセットウォッチング
所要 2時間(16:30〜18:30)　料 7000円

早朝ウォッチング
所要 2時間(7:30〜9:30)　料 7000円

↑朝日や夕日をバックにクジラがジャンプする姿は感動的

すぐ目の前に現れるクジラ。スケールの大きい音や水しぶきに興奮しっぱなし

ホエールウォッチング

巨大な海上生け簀を回遊する
ジンベエザメの迫力に大興奮!

遊ぶ●アクティビティ

日本でも珍しい海上生け簀でジンベエザメを見られるのは沖縄ではここだけ

神秘の巨大ザメを見る!

ジンベエザメ シュノーケル

読谷村の沖合にある海上生け簀の中で、巨体を揺らしながら泳ぐ雄大な姿を約2mの近さから観察できる。

→ 船底にガラス窓がついたグラスボート。泳げなくても楽しめる

魚としては世界最大の大きさを誇るジンベエザメを間近で見られることで人気のツアー。主に熱帯や温帯に生息するジンベエザメは動きがゆるやかで性格も非常に温厚。人を襲うこともなく、安心してシュノーケルが楽しめる。シュノーケルに自信がない人にはグラスボートがおすすめだ。

●手の届きそうな位置にいる憧れのジンベエザメ

SCHEDULE
所要2時間30分

10:30 ショップに集合。申込書に記入後、シュノーケルのやり方をスタッフがていねいに教えてくれるので安心。

11:00 ショップのある都屋漁港を出発。専用の船で海上生け簀のあるポイントまで約5〜10分の船旅を楽しもう。

11:15 ポイントに着いたらスタッフの指示に従いながら海へ。ついにジンベエザメとご対面。潜水は約30〜40分間。

12:15 都屋漁港に戻る。ショップに併設されたシャワーで海水をしっかり流そう。着替えが終わったら解散。

ジンベエザメ シュノーケル

ジンベエザメをシュノーケルでたっぷり満喫する人気ツアー。想像を超えるダイナミックな姿に興奮が止まらない。

料9300円 催通年(雨天決行) 所要2時間30分(8:30/10:30/13:00/15:30) 予約前日18時までにメール/FAXで、もしくは3日前までにWebで要予約 参加条件 6歳以上、小学生以下は保護者同伴。中学〜未成年は親権者承諾書、60歳以上75歳未満は医師の診断書が必要 ●ツアーに含まれるもの 体験料、講習料、必要器材一式、乗船料、保険料

トップマリン残波店
☎098-956-0070
読谷 MAP 付録P.8 A-4
所読谷村都屋33 読谷村漁業協同組合内B1
営8:00〜18:00 休無休 沖縄南ICから約15km P100台

イルカと遊ぶ、イルカと泳ぐ。海のアイドルが最高の旅をつくってくれる！
思いがけない感動を味わうひととき

愛くるしい表情と人懐っこい性格のイルカがプレゼントしてくれる幸せなひととき。
人との会話を楽しむかのように言葉や動きに多様な反応をするイルカにたっぷり甘えちゃおう。

もとぶ元気村の ドルフィンプログラム

イルカとふれあえる6種類のドルフィンプログラムを用意。そのほか、バナナボートやカヌーなどの海遊びを満喫できるマリンプログラムや、三線や紅型など沖縄の伝統文化を体験できる文化施設など、充実の体験メニューが揃う。

もとぶ元気村 もとぶげんきむら
☎0980-51-7878　本部 MAP 付録P.4 C-2
所 本部町浜元410　開 8:00～18:00　休 無休　交 許田ICから約27km　P 60台

ドルフィンロイヤルスイム

イルカと泳ぎ、遊べるプログラム。レクチャー後にイルカとビーチや海の中でふれあい背びれにつかまって一緒に泳ぐことができる。
料 1万7600円　催行 4～6月、9～3月　所要 70分(9:30／12:30)　予約 3日前までに要予約
参加条件 身長120cm以上、足のつかない場所で泳げる、8歳以下保護者同伴(有料)

↑イルカと一緒に泳げる感動体験を味わえる

ドルフィンスイム

イルカの生態について学んだあと、イルカとふれあいタイム。背中に触れたり、ダイナミックなパフォーマンスを見ることができる。
料 1万5400円　催行 7・8月　所要 50分(10:00／13:00／15:00)　予約 15分前までに要受付
参加条件 身長120cm以上、足のつかない場所で泳げる、8歳以下保護者同伴(有料)

↑背びれにつかまって泳ぐこともできる

ドルフィンエンカウンター

ゲームをしながらイルカの生態を学んだり、膝まで水に入ってイルカとのふれあいを楽しみながら、イルカについて学ぶプログラム。
料 8800円　催行 通年　所要 50分(11:00／14:00／15:00)　予約 15分前までに要受付
参加条件 0～5歳は保護者同伴(有料)

↑泳がなくてもイルカとふれあえるのが好評

もぐもぐピクニック

いろいろな動物にごはんをあげるプログラム。リクガメ、ウミガメ、イルカにごはんをあげながら、食べ方の違いなどを観察する。
料 4400円　催行 通年　所要 40分(9:00／12:00／16:00)　予約 15分前までに要受付
参加条件 0～5歳は1名ごと保護者1名同伴(有料)、大人1名につき0～11歳1名無料

↑動物によって食べ方が違うのが興味深い

スマイルドルフィン

10～2月の水の冷たい時期に濡れることなくイルカと遊べる冬季限定メニュー。手のひらにキスをしてくれるイルカにうっとり。
料 5500円　催行 4～6月、9～3月　所要 30分(11:00／14:00)　予約 15分前までに要受付
参加条件 0～5歳は保護者同伴(有料)

↑イルカのかわいい表情を間近で見られる

イルカウォーキングツアー

もとぶ元気村に暮らすカメや魚、イルカなどさまざまな動物の部屋へ行き、近くで観察することができる。
料 1650円　催行 通年　所要 30分(9:30／11:30／15:30)　予約 15分前までに要受付
参加条件 0～5歳は保護者同伴(有料)

↑水面に近づくとイルカが顔を出してくれる

ジンベエザメ／イルカ

マリンアクティビティ
ホテルビーチの快楽

ホテルのマリンメニューを利用すれば、手軽にさまざまなアクティビティが楽しめる。ホテルの宿泊客でなくても体験可能。

フライングジェットボード
水上に跳び上がる瞬間はドキドキ

水上バイクから水を噴射し、その水圧で海上に跳び立つ。近年開発された新感覚のスポーツとして人気が高い。
難易度 ★★★★★
写真提供
ホテル ムーンビーチ

パドルボード
ゆったりのんびり海上散歩

ボードの上に立ち、パドルを漕いで海上を進んでいく。海をはるかに見渡しながら、マイペースに楽しみたい。
難易度 ★★★★★
写真提供
ANAインターコンチネンタル万座ビーチリゾート

バナナボート
激しい水しぶきとスピードが魅力

チューブ型のボートに乗り、水上バイクなどに引っ張られて猛スピードで滑走。海に落ちそうで、スリル満点！
難易度 ★★★★★
写真提供
ルネッサンス リゾート オキナワ

マリンアクティビティ料金表

ホテル	電話・アクセス	遊泳情報
ANAインターコンチネンタル万座ビーチリゾート 恩納 MAP 付録P.9 D-1	☎098-966-1211 所 恩納村瀬良垣2260　交 屋嘉ICから約7km　P 500台(有料)	遊泳時間 9:00〜18:00(変動あり) 遊泳期間 通年　休 無休 施設使用料 無料
ルネッサンス リゾート オキナワ 恩納 MAP 付録P.8 B-3	☎098-965-0707 所 恩納村山田3425-2　交 石川ICから約5km　P 200台	遊泳時間 9:00〜18:00(変動あり) 遊泳期間 通年　休 無休 施設使用料 3300円(宿泊客は無料)
ホテル ムーンビーチ 恩納 MAP 付録P.8 C-3	☎098-965-1020 所 恩納村前兼久1203　交 石川ICから約4km　P 350台(有料)	遊泳時間 8:30〜18:00(変動あり) 遊泳期間 通年　休 無休 施設使用料 1000円(宿泊客は無料)
オクマ プライベートビーチ＆リゾート 国頭 MAP 付録P.3 D-2	☎0980-41-2222 所 国頭村奥間913　交 許田ICから約35km　P 150台(有料)	遊泳時間 9:00〜18:00(変動あり) 遊泳期間 通年　休 無休 施設使用料 1100円(宿泊客は無料)
カヌチャベイホテル＆ヴィラズ 名護 MAP 付録P.7 E-1	☎0980-55-8880 所 名護市安部156-2　交 宜野座ICから約20km　P 300台	遊泳時間 9:00〜18:00 遊泳期間 4〜10月 休 期間中無休 施設使用料 1650円(宿泊客は無料)
ホテル日航アリビラ 読谷 MAP 付録P.8 A-4	☎098-982-9111 所 読谷村儀間600　交 沖縄南ICから約18km　P 250台(有料)	遊泳時間 9:00〜18:00(変動あり) 遊泳期間 通年　休 無休 施設使用料 一部有料
Royal Hotel 沖縄残波岬 読谷 MAP 付録P.8 A-3	☎098-958-5000 所 読谷村宇座1575　交 石川ICから約13km　P 540台(有料)	遊泳時間 9:00〜18:00 遊泳期間 4〜10月　休 期間中無休 施設使用料 一部有料

※各アクティビティの名称は、ホテルによって異なる場合があります。　※料金は宿泊者とビジターで異なる場合があります。
※アクティビティの実施期間・時間は、ビーチの遊泳期間・時間と異なる場合があります。事前にホテルにご確認ください。

パラセイリング
大空に浮かび、青い海面を望む

船でポイントまで行き、パラシュートを開いて船上から空に舞い上がる。上空から眺める海と空は息をのむほどの絶景だ。

難易度 ★★★★★

写真提供
ANAインターコンチネンタル万座ビーチリゾート

マリンウォーカー
気軽に楽しむ水中散歩

化粧をしたまま、めがねをかけたままで楽しめる水中散歩。カラフルなたくさんの熱帯魚と戯れよう。

難易度 ★★★★★

写真提供
オクマ プライベートビーチ＆リゾート

水中を泳ぐ魚が見えることも

シーカヤック / カヌー

シンプルな装備で、大海原を漕ぎ進む。水面からの距離が近いので、海をじっくりと眺めることができる。

難易度 ★★★★★

写真提供 オクマ プライベートビーチ＆リゾート

水中観光船／グラスボート
手軽に海中をのぞける

ボートの底などがガラスになっていて、乗っているだけで海中が眺められる。

難易度 ★★★★★

写真提供
カヌチャベイホテル＆ヴィラズ

マリンウォーカー	フライングジェットボード	シーカヤックカヌー	パラセイリング	バナナボート	パドルボード	水中観光船グラスボート
60分（水中約10分） 8000円〜 （時期により異なる）	なし	60分 5500円〜 （時期・実施場所により異なる）	60分（フライト約10分）8000円〜 （時期により異なる）	10分 2500円〜 （時期により異なる）	60分 6500円〜 （時期により異なる）	30分 3000円
60分 5500円	なし	30分 1100円 （2名1艘の料金）	60分 8800円	10分 1100円	60分 4400円 （5〜9月）	50分 3300円
なし	30分 7370円 （2回目以降は20分5500円）	60分 2750円 （2名1艘の料金）	なし	10分 1650円	なし	20分 1980円
60分 8800円	なし	30分 2200円	なし	5分 1650円	30分 2200円	40分 2750円
なし	20分 7700円〜	90分 5500円〜 （ピクニックツアーでの実施）	60分 7700円 （乗船のみの場合は2200円）	10分 2200円	なし	30分 2200円
なし	なし	30分 1100円 （1名1艘の料金。2名1艘は1600円）	なし	10分 1600円	30分 3500円	20分 1700円〜
なし	30分 7500円	30分 1700円 （2名1艘の料金）	なし	10分 1300円	30分 1700円	30分 1600円

マリンアクティビティ

やんばるの大自然がまるっと凝縮
亜熱帯の森を冒険する旅

慶佐次川マングローブカヌー
（げさしがわ）

国の天然記念物にも指定されている慶佐次川河口に広がるマングローブの森の中を、カヌーを使ってかき分けながらゆっくり体感。

遊ぶ●アクティビティ

➡海水と真水が混じり合う河口汽水域に分布するマングローブは独特の根が特徴

SCHEDULE　所要2時間　※10時スタートの場合

9:45 ショップに集合。潮の高低差によって時間が変わる。当日、スタート時間が早い場合は、濡れてもよい服装で行こう。

10:00 ショップで申込が終わったら、カヌーの漕ぎ方や進行方向の変え方などの講習。ガイドがていねいにレクチャーしてくれる。

➡事故防止のためライフジャケットは必ず着用する

10:15 最初はゆっくりと漕ぎながらパドリングの練習。コツをつかんできたらスピードを上げて片道約45分の冒険ツアーへGO！

➡カヌーのすぐそばを魚が横切ることも

ツアー参加のQ&A

Q 参加するときの服装・持ち物は?
A カヌーに乗るときや漕いでいるときに水しぶきが飛ぶので濡れてもよい服装で。着替えとタオルを忘れずに。靴はサンダルでもOK。ツアー中、水面から反射する日差しが強烈なときがあるため日焼け止めと帽子も用意を。女性は薄手の長袖着用が望ましい。

Q 悪天候の場合は?
A 水深の浅い河口付近でのツアーのため潮の満ち引きによって開始時間が日々異なるので注意。申込時に必ず確認しよう。

Q 那覇から日帰りの場合、行き帰りはどうする?
A 那覇から高速道路を利用して2時間、許田ICから1時間かかる。曲線の多い山道を走るので時間にゆとりをもって出かけたい。

沖縄本島最大規模のマングローブが生育する慶佐次川河口をリバーカヌーに乗って遡るプチ冒険ツアー。カヌーは安定感抜群なので初心者でも簡単に操作できるのが魅力。また海と違って波がないため、穏やかな水面をのんびり漕ぎ進めながら亜熱帯の自然を堪能できる。不思議な形状の呼吸根が密集したマングローブの根元には、ミナミトビハゼやシオマネキなどここならではの生物も豊富なので見逃さずに観察しよう。

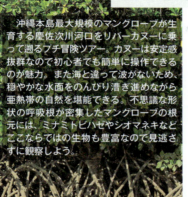

↑上流に行くにつれ徐々に川幅が狭くなる慶佐次川。マングローブとの距離も近くなる

↑自分のペースでのんびりパドルを漕ごう

慶佐次川マングローブカヌー

亜熱帯特有のマングローブをカヌーで体験できる2時間コース。時間がなくても気軽に楽しめると好評。パドルが水をかく音と野鳥の声だけが響く癒しのひととき。

[料] 4500円、子供3500円、幼児2000円 ※1名で参加の場合、追加料金3000円 [催行] 通年(雨天催行) [所要] 2時間(満潮時のみ催行) [予約] 前日18時までに電話/Webで要予約 [参加条件] 3歳以上
●ツアーに含まれるもの ライフジャケット、パドル、カヌー、保険

やんばる自然塾
☎0980-43-2571 東[MAP]付録P.3 D-4
[所]東村慶佐次82 [営]8:30〜18:00(電話受付)
[休]無休 許田ICから約27km [P]15台

うちのショップは地元出身のガイドが多いのが自慢です。地元ならではの小話を交えながらご案内いたします。

東村出身のガイド、宮城さん。やんばるの自然に対する造詣が深く、地元愛に満ちた姿勢は爽やかで気持ちがいい

↑カヌーは乗り降りするときがいちばん不安定になりやすいのでゆっくりと確実に

↑往路は、途中の遊歩道まで渓流を歩いていくこともできる(選択可能)

生命の鼓動に満ちた亜熱帯の原風景
森の奥の滝を目指して

比地大滝渓流トレッキングツアー
(ひじおおたき)

落差約26m、本島最大の落差を持つ比地大滝とその清流がつくり出す深緑の世界に溶け込む。

本土では見慣れない亜熱帯の動植物たちとの出会いを楽しみながら、いちばん奥にある比地大滝を目指すネイチャーツアー。遊歩道が整備されていて歩きやすく、片道約45分の道のりは快適。滝の周辺はマイナスイオンが漂い、心地よい疲労感を癒やしてくれる清涼感に包まれている。

こんな生き物たちに出会いました

キノボリトカゲ 道中の木で見かけるトカゲ。幹でじっとしている

ハナサキガエル 清流周辺に生息し、生体数が減っている貴重なカエル

オオカサマイマイ 横から見ると平べったい殻を持つカタツムリの一種

↑途中に吊り橋や岩場など、やんばるの自然を楽しめる見せ場がたくさん

比地大滝渓流トレッキングツアー

清流と並行する遊歩道を歩きながら滝を目指す初心者向けのジャングル散策コース。周辺には23種の天然記念物が生息。

- 料 4500円
- 催行 通年(軽い雨天なら決行)
- 所要 3時間
- 予約 前日18時までに電話/メール/Webで要予約
- 参加条件 小学生以上
- ツアーに含まれるもの ガイド料、保険料、環境協力金
- 集合場所 比地大滝キャンプ場入口(国頭 MAP 付録P.3 E-3)

やんばるエコツーリズム研究所
☎ 0980-41-7966
所 国頭村安田248-1　時 9:00〜18:00(電話受付)
休 無休　交 許田ICから約37km

ツアー参加の Q&A

Q 参加するときの服装・持ち物は?
A 滝までは雨などで濡れていることも多いので、歩きやすい履き慣れた運動靴で。渓流に入る人はウォーターシューズ。ともにサンダルはNG。夏は蚊が多いので薄手の長袖があると便利。熱帯林の中は蒸し暑く、汗をかきやすい。飲み物を必ず持参したい。

Q 悪天候の場合は?
A 雨天・強風などでやむなく中止することもある。中止の場合は、前日の夕方18時までに連絡してくれる。

Q 那覇から日帰りの場合、行き帰りはどうする?
A 集合場所の比地大滝キャンプ場入口までは、那覇から高速道路を利用して車で2時間、許田ICから1時間かかる。

太古から変わらぬ姿で流れる
やんばるが誇る美しい滝

比地大滝
ひじおおたき

国頭 MAP 付録P.3 E-3

週末は観光客以外に県民や外国人でも賑わう人気スポット。歩きやすさと滝までの適度な距離がうれしい。

☎0980-41-3636 ⌂国頭村比地781-1
⏰9:00〜18:00(入場は〜16:00) 11〜3月
9:00〜17:30(入場は〜15:00) 休無休
¥500円、子供300円 🚗許田ICから約37km P120台

⬆️轟音を立てて、ダイナミックに水が流れ落ちる様子は圧巻の迫力

比地大滝渓流トレッキングツアー

SCHEDULE 所要3時間

9:00 比地大滝キャンプ場入口に集合。亜熱帯の森をトレッキングするうえでの注意点を教えてもらう。13時からのコースもある。

9:15 いざ出発。往路はやんばる特有の生態の説明を聞きながらゆっくり散策するため、通常片道約45分の道を2時間近くかけて歩く。

10:00 途中で比地川の渓流に入って、水遊びしながら川を遡る。夏場はひんやりとした清流の水がほてった体に気持ちいい。

➡️歩きながらけがをしないように注意

11:00 念願の比地大滝に到着。滝を眺めながら約15分間の休憩。深呼吸してマイナスイオンをいっぱい吸い込もう。復路は約45分。

➡️吹き抜けるそよ風が心地よい

美ら海展望台ステージからの絶景。先端に辺戸岬、遠くに鹿児島県の与論島が一望できる

琉球王朝時代から伝わる神々に守られた森
本島最北端のパワスポ巡り

大石林山ガイドウォーク
だいせきりんざん

多くの聖地が残る沖縄本島最北端の地で、熱帯カルスト地形がつくり出す奇岩巡り。

沖縄本島最北端にある辺戸岬を見守るようにそびえ立つ安須杜の山々。2億5000万年の歳月をかけて形成された熱帯カルスト地形には40を超える聖地(拝所)があり、沖縄でも屈指の神聖な場所。園内は安須杜内にあり、奇岩や熱帯林、海の眺望を楽しめる自由散策コースが設定されている。

北部の自然に宿るパワーを堪能できるテーマパーク

大石林山
だいせきりんざん

国頭 MAP 付録P.3 E-1
園内はパワースポットに興味がなくても楽しめる自然の魅力がいっぱい。点在する奇岩群は一見の価値あり。
☎0980-41-8117 所国頭村宜名真1241
時9:30〜16:30(17:30閉園)
休無休 料1200円
交許田ICから約55km P85台

↑生まれ変わりの石。3回くぐると生まれ変わると伝えられる

ツアー参加のQ&A

Q 参加するときの服装・持ち物は?
A バリアフリーコースを除くと未舗装の道が多いので、歩きやすい靴を履いていこう。

Q 那覇から日帰りの場合、行き帰りはどうする?
A 那覇から高速道路を利用して車で2時間30分、許田ICから1時間30分かかる。長時間ドライブになるので注意。

↑女性特有の病気にご利益があるといわれる骨盤石

スピリチュアルツアー

美ら海展望台コースの不思議体験ポイントやパワースポットを専門ガイドが同行しながら散策。
料4000円 催行通年 所要約2時間(11:00)
予約前日17時までに電話で要予約(予約連絡先は、上記「大石林山」)
参加条件特になし ●ツアーに含まれるもの 入山料、ツアーガイド料

↑専門ガイドが聖地をひとつひとつ詳しく説明してくれて、初心者でも楽しめる

大石林山散策コース

生まれ変わりの石 / 守り猫 / 骨盤石 / 石林の壁 / 美ら海展望台ステージ / 烏帽子岩 / 悟空岩 / 御願ガジュマル / 夫婦岩 / 立神の大岩 / 鍋池 / 猪垣 / 精気小屋 / ソテツ群落 / アガリメー / 縁結びの岩 / 家畜小屋跡 / 沖縄石の文化博物館 / チケット売り場 / 食堂

A.奇岩・巨石コース
B.美ら海展望台コース
C.バリアフリーコース
D.ガジュマル・森林コース

↑石林の壁。天上界と地上界の神が交わる場所。パワーストーンが開運と成功繁盛をもたらすといわれている

歩く・観る

亜熱帯の森や、
橋を渡り継いで行く小さな島々。
琉球王国の面影が残る城や聖地、
戦争にまつわる史跡。
北から南まで、点在する名所を訪ねて
見えてくるのは、独特の地理や
歴史とともに歩んできた沖縄の姿。

南国の風に
吹かれながら、
島の名所巡り

県下随一の繁華街や、歴史薫る城下町
那覇・首里
(なは・しゅり)

那覇空港のある、沖縄県の玄関口・那覇市。ショップや飲食店がひしめく国際通りや首里城公園など、訪れたいスポットが満載。

歩く・観る●那覇・首里

⬆「国際通り」の名は、第二次世界大戦後に開館した映画館「アーニーパイル国際劇場」に由来する

那覇のメインストリート
街歩きは国際通りから。

沖縄みやげを買うなら、まずはここをチェック。通り沿いには沖縄らしいグッズが買えるショップや食事やお茶が楽しめる飲食店がずらりと並ぶ。

沖縄観光に欠かせない繁華街
賑やかな通りでショッピング

「奇跡の1マイル」とも呼ばれる約1.6kmの通り。第二次世界大戦で焼け野原となったが、戦後めざましい発展を遂げ、復興の象徴としてそう呼ばれている。現在は沖縄みやげを販売する商店が軒を連ね、沖縄に来たらまずは立ち寄りたいスポット。最近では免税対応店も増えたことから、外国人観光客にも人気。

食べてよし、使ってよしの
マルチな雪塩アイテム
宮古島の雪塩 国際通り店 Ⓐ
みやこじまのゆきしおこくさいどおりてん

MAP 付録P.16 B-3

宮古島の自然の恵みが詰まった「雪塩」のアンテナショップ。食品や石鹸など雪塩を使ったオリジナルのアイテムも多く取りそろえている。

☎098-860-8585 所那覇市久茂地3-1-1 日本生命ビル1F ⏰10:00～22:00 休無休 交ゆいレール・県庁前駅から徒歩3分 Pなし

⬆雪塩ソフトクリーム400円(レギュラー)
⬆「雪塩ふわわ」ココナッツ250円

人気の水族館グッズを
ゲットするならここ！
沖縄美ら海水族館アンテナショップ
うみちゅらら 国際通り店
おきなわちゅらうみすいぞくかんアンテナショップ
うみちゅららこくさいどおりてん

MAP 付録P.16 B-3

沖縄美ら海水族館で販売されている人気のおみやげを購入することができる。水族館ほどは混み合ってないので、ゆっくり商品選びができるのもうれしい。

☎098-917-1500　那覇市久茂地3-2-22 JAドリーム館2F　10:00～22:00(変動あり、HPで要確認)　無休　ゆいレール・県庁前駅から徒歩5分　Pなし

◆風月堂のゴーフル。バニラ、ストロベリー、チョコの3つの味。3缶入り1390円

◆紅型のイルカやマンタがモチーフ。オリジナルブックマーカー各594円

華やかな店で、
紅芋づくしのスイーツを
御菓子御殿 国際通り松尾店
おかしごてん こくさいどおりまつおてん

MAP 付録P.16 B-3

首里城を思わせる店舗で、沖縄県産紅芋を使った菓子をはじめ、沖縄にこだわった菓子や特産品を販売。試食ができるのもうれしい。

☎098-862-0334　那覇市松尾1-2-5　9:00～22:00　無休　ゆいレール・県庁前駅から徒歩3分　Pなし

◆タルトの上にたっぷりの紅芋クリームをしぼった紅いもモンブラン1166円(6個入り)

◆県産の紅芋と「読谷あかね芋を100%使用した元祖紅芋タルトの姉妹品。いももタルト777円(6個入り)

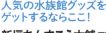

◆サツマイモ餡を紅芋餡で包むように焼き上げたスイートポテト626円(6個入り)

おいしい幸せの輪が
広がるバウムクーヘン
ふくぎや 国際通り店
ふくぎやこくさいどおりてん

MAP 付録P.16 C-3

沖縄産の黒糖や塩、ハチミツ、卵をふんだんに使用したバウムクーヘンを味わうことができる。店頭で焼いている様子が見られるのも楽しい。

☎098-863-8006　那覇市久茂地3-29-67　10:00～20:00　無休　ゆいレール・県庁前駅から徒歩8分　あり(有料駐車場利用)

◆紅芋の上品な香りがするしっとりタイプ。紅の木(S)1400円

◆外側がサクッとしたガジュマル(S)1300円

人気の水族館グッズを
ゲットするならここ！
新垣ちんすこう本舗 国際通り牧志店
あらがきちんすこうほんぽこくさいどおりまきしてん

MAP 付録P.17 D-3

ちんすこうをはじめとする琉球菓子を販売する。製造は、1908年誕生の老舗・新垣菓子店。

☎098-867-2949　那覇市牧志1-3-68　10:00～17:30　水曜　ゆいレール・県庁前駅から徒歩10分　Pなし

◆一口サイズのちんすこう。個別包装されていて、大人数のおみやげにもぴったり。バラエティセット648円(24個入り)、1296円(48個入り)

◆ちんすこう。さっくりした食感と、上品な甘さが人気。左はプレーン、下はごまの海塩。648円(10袋入り)、1080円(18袋入り)

◆ちいるんこう。卵をたっぷり使ったどこか懐かしいやさしい味の琉球かすてら。1296円(1本)

街歩きは国際通りから。

P.132 ゆうなんぎい　琉球民芸ギャラリー鍵石　わしたショップ OKINAWA文化屋雑貨店

どらえもん　キャプテンズイン　サムズアンカーイン　古酒家　ラマヤナ　ローソン　キッドハウス　四つ竹　沖縄の台所ぱいかじ　琉球民芸センター　沖縄海邦銀行　JEENAR　ハイサイおじさん　ハイサイおばさん　ライブ＆沖縄料理ライブハウス島唄　P.142　P.39 ブルーシール国際通り店　波照間　琉球銀行　ファミマ　琉球珈琲館　ちぬまん

国際通り

新垣ちんすこう本舗　南国市場　グレイスリー那覇　チャーリー多幸寿　琉球マーケット2号店　P.142 ライブ＆居酒屋かなくすく　ニューおきなわ　国際プラザ　消防署通り　松尾　おおき屋　コスミック　塩屋　松尾　BROTHERS　ISLANDS　浮島通り　élufe　ローソン　コレクティブ

旅のお供にもぴったりの お手軽スナック
カルビープラス F

↑揚げたて"サクッほくっ"スイートポテリこ 310円

MAP 付録P.17 D-2

「かっぱえびせん」などでおなじみの「カルビー」のアンテナショップ。限定商品や揚げたてのホットスナックなど、ここでしか味わえないものも多い。

☎098-867-6254 所那覇市牧志3-2-2 営10:00～21:00(LO20:30) 休無休 交ゆいレール・牧志駅から徒歩5分 Pなし

↑沖縄店一番の人気商品「海ぽて」825円。香り豊かな「あおさ」とシママース(沖縄の塩)でシンプルな味わいに

人気の水族館グッズを ゲットするならここ!
久髙民藝店 G
くだかみんげいてん

↑松田共司さんのやちむん、皿3300円(7寸)～8800円(9寸)
↑手作りの泡にこだわった稲嶺盛吉さんの茶泡花器1万3420円

MAP 付録P.17 D-2

創業は1969年。沖縄が本土に復帰する前から国際通りを見続けてきた老舗。店内には沖縄の焼物やガラス製品を中心に、世界中の雑貨が並ぶ。

☎098-861-6690 所那覇市牧志2-3-1 K2ビル1F 営10:00～22:00 休無休 交ゆいレール・牧志駅から徒歩5分 Pなし

↑みんさー織トートバッグ(上)9680円、芭蕉布ポーチ(下)5500円

歩く・観る ●那覇・首里

上質のアロハシャツを身に まとって沖縄ステイを
PAIKAJI H
パイカジ

↑ポケットのワンポイントがステキなアロハポケットシャツ各6600円

↑ハイビスカス ジャングル(半袖シャツと半ズボン)

MAP 付録P.17 D-2

アロハ好きなら一度は訪れたい知る人ぞ知るアロハシャツブランド。沖縄や世界の自然をモチーフにした柄と、着心地の良さで人気を集めている。

☎098-863-5670 所那覇市牧志2-3-1 営10:00～20:00 休無休 交ゆいレール・牧志駅から徒歩5分 Pなし

沖縄の魅力が詰まった キュートな雑貨に一目惚れ
沖縄の風 I
おきなわのかぜ

↑新垣優香さんの紅型デザインが華やかなラウンドトートとバッグインバッグ

MAP 付録P.17 E-2

オリジナルの看板商品「琉球帆布」をはじめ、沖縄のアーティストたちによる雑貨がずらり。どれも手になじむ商品で、自分用に購入していく人も多い。

☎098-943-0244 所那覇市牧志2-5-2 営10:00～19:00 休無休 交ゆいレール・牧志駅から徒歩5分 Pなし

↑イラストレーターpokke 104とコラボしたおさんぽバッグ水鳥柄7700円

沖縄音楽にふれたい
ユニークな老舗楽器店
高良レコード店 楽器部 **J**
たからレコードてん がっきぶ

↑これを使って食べてもOK!?
「沖縄スティック」1100円

MAP 付録P.17 E-2
1949年創業、沖縄バンドマンの登竜門とも呼ばれる老舗楽器店。お手頃価格の三線、や沖縄限定CDのほか、楽器屋発案のユニークなオリジナルみやげに注目！
☎098-861-6394 ㊟那覇市牧志3-11-2
⊙11:00〜19:00 ㊡無休 ㊋ゆいレール・牧志駅から徒歩3分 Ⓟなし

↑伝統的な民謡から沖縄発のJ-POPカバーまで、沖縄限定CDも豊富

↑マスカラでもあり、マラカスでもある「ゴーヤーマスカラ」990円

↑沖縄県産アーサを使用した大人のおつまみ＆おやつ。アクアチーズ410円

↑おうち時間のお供にオススメのMIREIさん図案のビーズバッジブック880円。デザインも豊富

沖縄の作家さんのグッズを
扱うセレクトショップ
RENEMIA **L**
レネミア

MAP 付録P.17 E-2
沖縄出身のイラストレーターMIREIさんとデザイナーのご主人が営むアート＆クラフトショップ。自身が手がけた作品や思いを共感した県内作家の作品などを扱う。
☎098-866-2501 ㊟那覇市牧志2-7-15
⊙11:00〜16:00 ㊡日曜 ㊋ゆいレール・牧志駅から徒歩2分 Ⓟなし

↑1点ずつ手描きで仕上げ、沖縄らしい表情に。ニーフェ・アラベスク3300円

街歩きは国際通りから。

多彩なメニューを
堪能しながら沖縄を感じる
国際通り屋台村 **K**
こくさいどおりやたいむら

MAP 付録P.17 E-2
沖縄食材を使った店が軒を並べる話題のグルメスポット。沖縄の離島情報を扱う「離島マルシェ」も併設。全店ノーチャージなので、気軽にハシゴが楽しめる。
☎店舗により異なる ㊟那覇市牧志3-11-16・17 ⊙11:00〜翌2:00 ※店舗により異なる ㊡店舗により異なる ㊋ゆいレール・牧志駅から徒歩4分 Ⓟなし

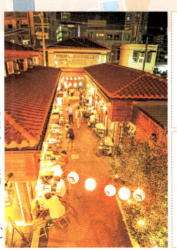

↑料理とお酒を楽しめて、人々の交流も盛ん。楽しい沖縄の夜を過ごして

飛梅食堂 豚トン味
とびうめしょくどう とんとんみ

オリジナルの豚肉料理、沖縄料理を中心に提供。写真は一番人気メニューのてびちの唐揚げ。
☎090-8292-6740
⊙11:00〜24:00(LO23:30)

琉球鮨 築地男前鮨屋台村店
りゅうきゅうすし つきじおとこまえずしやたいむらてん

グルクンやイラブチャー、県産アグーなど沖縄の食材を取り入れた琉球鮨、男前8貫2800円。
☎070-5690-9233
⊙11:00〜23:00(LO22:30)

いちおしショップが並ぶ、個性的な通り
おしゃれな
3つの小路散策

国際通りから脇道を入ったところにある3つのストリート。洗練された雑貨店やカフェ、映画館などが並んでいる。気になるお店をのぞけば、素敵な人やモノに出会えるはず。

沖縄のトレンドを発信 600mほどのストリート

浮島通り
うきしまどおり

神原大通りから国際通りへ続く道。戦後から続く古い商店と、新たな流行を発信するおしゃれなショップが入り交じっている。

琉球ぴらす 浮島通り店
りゅうきゅうぴらす うきしまどおりてん

MAP 付録P.16 C-3

沖縄の紅型作家、イラストレーター、カメラマンなどとのコラボで"沖縄的"にこだわった商品を制作販売。人気のTシャツは、デザインによって型や生地を変えている。

- ☎098-863-6050
- 所 那覇市松尾2-2-14
- 営 11:00〜20:00
- 休 無休
- ゆいレール・県庁前駅から徒歩10分
- P なし

↑「島サバタトゥー」2420円。プラス330円(片足)で名入れも

↑Tシャツや雑貨が充実

↑和洋に合いそうなブーゲンビリアと蝶の柄の紅型プリント。「底付き巾着」1650円

↑華やかな紅型プリントのTシャツ「こうめさん」3960円。

↑香月舎さんデザインのTシャツ「てみやげ」3850円。沖縄の名物を持った動物たちが「てみやげ」を届けに

MIMURI
ミムリ

MAP 付録P.17 D-3

沖縄のシーンを色鮮やかに描くテキスタイルデザイナーMIMURIの直営店。自然をモチーフにした柄は、海、フルーツ、お花、マチネコなど。バッグやポーチ、財布などアイテム豊富な雑貨を扱うセレクトショップ。

- ☎050-1122-4516
- 所 那覇市松尾2-7-8
- 営 11:00〜19:00
- 休 不定休
- ゆいレール・牧志駅から徒歩13分
- P なし

↑カラフルなグッズがずらりと並び、見ているだけでも楽しい

↑お庭柄「がま口」大3300円、小2750円

↑マチネコ柄「ショルダーBAG」1万2320円

歩く・観る●那覇・首里

94

おしゃれな3つの小路散策

昔ながらの雰囲気が漂う異色の街並み

桜坂通り
さくらざかどおり

平和通り商店街に隣接する歓楽街。1960年代の全盛期の面影を残しつつ、最近はカフェやクラブなどが増え、若者たちも集う。

桜坂劇場
さくらざかげきじょう

MAP 付録P.17 E-3

「桜坂シネコン琉映」閉館後、映画監督の中江裕司氏らによって復活。映画館のほか、カフェや本屋、雑貨コーナーもあり、さまざまな楽しみに出会える。

- ☎098-860-9555 所 那覇市牧志3-6-10
- 上映時間により異なる 休 無休
- 交 ゆいレール・牧志駅から徒歩8分 Pなし

→ 地元に根付き、地元に愛される劇場

玩具ロードワークス
がんぐロードワークス

MAP 付録P.17 D-3

かつて沖縄で作られていた琉球張り子を今に復元する豊永盛人氏の店。伝統的な温かさと独自の世界観が溶け合った玩具は、思わず笑顔になるものばかり。

- ☎098-988-1439 所 那覇市牧志3-6-2
- 11:00〜16:00 休 月・水・木・日曜 交 ゆいレール・牧志駅から徒歩8分 Pなし

→ 伝統的な琉球張り子の代表、ちんちん馬1728円

↑↑ 見るだけでも楽しい店内。沖縄カルタなどもある

→ そばに置きたくなる愛おしさ！鳥彦1944円

→ 沖縄の酒器・カラカラ(「温故知新」陶藝 玉城 作)

→ 薪窯で焼き上げた赤絵の急須(「温故知新」上江州茂生 作)

→ 六寸花弁皿(「温故知新」陶藝 玉城 作)

ふくら舎
ふくらしゃ

MAP 付録P.17 E-3

桜坂劇場内。独自の目線で選んだ沖縄の工芸品が並ぶ。現代の陶工たちとともに琉球古陶の復刻に挑んだ「温故知新」をはじめ、アーティストとコラボした作品にも注目。

→ 30近くの工房からさまざまな作品を取り寄せている

地元の人やツウが通う裏通りの穴場スポット

ニューパラダイス通り
ニューパラダイスどおり

国際通りの1本裏手。喧騒から離れた静かな通りに、カフェや雑貨店などの穴場スポットが点在する。

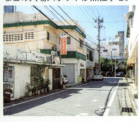

tuitree
トゥイトゥリー

MAP 付録P.17 D-2

県内外のアーティスト作品やオーガニック食品、アジアやヨーロッパの雑貨などを扱うセレクトショップ。

- ☎098-868-5882
- 所 那覇市牧志1-3-21
- 13:00〜18:00
- 休 水・木曜、日曜不定休
- 交 ゆいレール・美栄橋駅から徒歩5分 Pなし

→ ここでしか出会えない一点モノの雑貨も並ぶ

→ 築50年の民家を改装した小さなお店

→ Jifaa洗顔石鹸1620円〜。沖縄産クチャと上質なアロマオイルを配合

→ 宜野座手作りジャム712円。マンゴーや島バナナ、パイナップルなど地元のフルーツを使用

→ 廃材などを利用して制作するtoncatiのメッセージ木箱「coppaco kururu」2000円〜。指輪入れなどに使いたい

95

琉球王国の首府として栄えた
首里城 (しゅりじょう) 【世界遺産】

日没〜24時まで首里城はライトアップを実施。写真は歓会門

琉球の歴史と文化が育んだ稀代の古城施設

　首里城は1429年から約450年間、沖縄を治めた琉球王国の政治・文化の中心地とされ、華々しい歴史の舞台となった。中国と日本の建築様式を取り入れた朱塗りの華麗な建物が琉球独特の歴史文化を伝え、2000年には世界遺産に登録された。

　城壁に守られた城内には、御庭(うなー)を囲むように正殿や北殿などの重要施設が立ち並び、正殿奥には王の私的空間である御内原があった。1945年の沖縄戦で城内は全焼したが、1992年、沖縄の本土復帰20周年を記念して国営公園として復元された。その後も書院・鎖之間、黄金御殿などの建物やエリアが復元された。2019年10月の火災で正殿周辺を失うも、復元工事が進められている。

首里 MAP 付録P.18 B-3
首里城公園
☎098-886-2020(首里城公園管理センター) 所那覇市首里金城町1-2 開無料区域8:30〜18:00 有料区域9:00〜17:30(最終入場は17:00) 休7月第1水曜とその翌日 料有料区域入場料400円 交ゆいレール・首里駅から徒歩15分 P116台(有料)
※最新情報はHPでもご確認ください。

首里城をめぐる王道ベストコース
琉球王国の中枢へ

城内には王宮の機能や王族の暮らしぶりを伝える多くの建物が並ぶ。主要な建物をまわる定番のコースを紹介。

所要◆約1時間

↑朱塗りの門が出迎える

1 守礼門
しゅれいもん
琉球独特の華麗な門は人気スポット

MAP 付録P.18 B-2

首里城の代表的な門。琉球王国の尚清王時代(1527～55)に創建された。2000円札の絵柄としても有名。別名は上の綾門といい、「上方にある美しい門」の意。

注目ポイント
「守禮之邦」
扁額に書かれた「守禮之邦」とは、「琉球は礼節を重んずる国である」の意。門の名前の由来でもある。

2 歓会門
かんかいもん
首里城第一の正門

正門に名付けられた歓会とは、来訪者を歓迎するという意味。「あまへ御門」とも呼ばれ、「あまへ」は「喜ばしい」の意。アーチ状の門の上に木造の櫓を備える。 ↑ここから城郭の内部へ

3 瑞泉門
ずいせんもん
櫓がのる頑健な門

首里城第二の門。瑞泉とは「立派なめでたい泉」を意味し、「龍樋」という湧水が名の由来。別名を「ひかわ御門」という。 ↑龍は国王の象徴とされた

↓創建は16世紀初頭以前といわれる

4 奉神門
ほうしんもん
御庭への最後の門

「神を敬う門」の意味を持つ。向かって右の部屋は儀式などに使われていた。

5 正殿遺構
せいでんいこう
正殿を支える地下の石積みを見学

正殿の基壇(建物の土台)部分。15世紀からの、琉球王国時代に築かれた正殿の石積みの基壇(土台)部分が見学できる。
↓現在、遺構部分は建物で覆われ外から見学できる

6 東のアザナ
あがりのアザナ
首里城公園一帯を一望できる

守礼門と真逆の方向に位置する物見台。首里城公園一帯が一望できる。

↓標高約140mあり、漏刻門同様、時刻を一帯に知らせる役割を担った場所でもある

7 京の内
きょうのうち
城内最大の信仰儀式の場

城内で最も広い信仰儀式の場。かつて神女たちが王家繁栄などを祈っていた。

↓木々が生い茂り、神々しい雰囲気に包まれている

8 西のアザナ
いりのアザナ
海や街の眺望を楽しむ

城郭の西側に設置された物見台(アザナ)。那覇市街や慶良間諸島まで見晴らせる眺望スポット。

↑標高130mから街を一望

首里城

歩く・観る ● 那覇・首里

・石畳の坂道をぶらり歩く。
首里街並みさんぽ
しゅり

王宮の荘厳な世界を
楽しんだあとは、
かつての城下町を散策。
王朝時代の歴史を感じながら
古都の風情に浸れる。

首里城周辺に点在する王朝時代の史跡を巡る

首里城周辺には国王墓の玉陵(たまうどぅん)をはじめ、王朝時代の遺跡が点在している。水辺が心地よい龍潭や赤瓦の家が並ぶ石畳の道など、風情あるのどかな街並みを散歩して、随所に残された古都の面影をたどってみたい。

↑道の途中にある無料休憩所の金城村屋でひと休みしよう

さんぽの目安 ◆ 約1時間

さんぽコース

石畳入口バス停 →徒歩1分→ **1** 首里金城町石畳道 →徒歩1分→ **2** 首里金城の大アカギ →徒歩1分→ **3** 金城大樋川 →徒歩10分→ **4** 玉陵 →徒歩8分→ **5** 龍潭 →徒歩15分→ ゆいレール首里駅

1 城下町に残る風情ある道
首里金城町石畳道
しゅりきんじょうちょういしだたみみち

MAP 付録P.18 A-3

16世紀の琉球王朝時代に生まれた琉球石灰岩の石畳。首里城から那覇港へ至る主要道だったが沖縄戦でほとんど損壊し、約300mのみ残された。道端の石垣や赤瓦の家々も趣があり、「日本の道百選」に選ばれた。
☎098-917-3501(那覇市文化財課) 所那覇市首里金城町 交バス・石畳入口下車、徒歩1分 Pなし

↑石畳道の分岐点にある石碑「石敢當(いしがんとう)」は魔除け石

2 国の天然記念物の大木
首里金城の大アカギ
しゅりきんじょうのおおアカギ

MAP 付録P.18 B-3

内金城嶽のそばに、5本のアカギの大木がそびえる。推定樹齢は200年以上で高さ約20m。
☎098-917-3501(那覇市文化財課) 所那覇市首里金城町 交バス・石畳入口下車、徒歩2分 Pなし

↑石畳道から小径に入ったところにたたずむ神木

4 宮殿風の巨大陵墓
玉陵
たまうどぅん

MAP 付録P.18 A-2

1501年に尚真王が父のために築いて以来、歴代国王の陵墓となった。内部は3室あり、王と王妃や限られた親族が眠る。
☎098-885-2861 所那覇市首里金城町1-3 営9:00～18:00(入場は～17:30) 料300円 交ゆいレール・首里駅から徒歩15分 Pなし

↑入口では獅子像が墓を守る

↑券売所の地下に資料館を併設する

3 王朝時代の生活用水
金城大樋川
かなぐすくうふぃーじゃー

MAP 付録P.18 A-3

琉球王国時代に使われていた伝統的な共同井戸。岩盤奥の水脈から、樋を通して水を引き込んでいた。
☎098-917-3501(那覇市文化財課) 所那覇市首里金城町 交バス・石畳入口下車、徒歩3分 Pなし

↑石畳道を通る人も利用した

休憩スポット
古都首里 ぶくぶく茶専門店 嘉例
ことしゅり ぶくぶくちゃせんもんてん かりー

MAP 付録P.18 B-2

"ぶくぶく茶"は、福を招く縁起物として琉球王国時代に育まれたとされる沖縄独自の茶道。ぶくぶく泡立てたお茶をたしなみながら、ゆったりと島時間を満喫したい。
☎098-885-5017 所那覇市首里池端町9 営10:00～18:00(LO17:30) 休火・水曜(祝日の場合は営業) 交ゆいレール・儀保駅から徒歩10分 Pあり(5台)

↑首里の散策途中のひと休みに最適

↑沖縄菓子付きで1200円。飲むと思わず笑顔に

5 池周辺の遊歩道を散策
龍潭
りゅうたん

MAP 付録P.18 B-2

城の北西にある人工池。中国の使者を舟遊びや宴で接待した。
☎098-886-2020(首里城公園管理センター) 所那覇市首里真和志町 交ゆいレール・首里駅から徒歩15分 Pあり(首里城公園駐車場利用)

↑緑の向こうに首里城を望む

首里街並みさんぽ

歴史

首里の丘から、遥かな時の移ろいに思いをめぐらせる
琉球王国への時間旅行

沖縄本島に勢力を三分した三山時代を経て、15世紀初頭に尚巴志により全島が統一され、琉球王国が成立する。近世になると沖縄は薩摩藩島津氏の支配下に置かれ、その体制は明治維新まで続いた。

11世紀末～15世紀頃　グスク(城)を拠点にした3つの国
三山時代の琉球

グスク(城)を拠点に有力按司が勢力を伸ばし、中山、北山、南山の三山時代を形作っていった

9～11世紀、農耕を基盤とした社会が形作られるようになると、各地域には按司と呼ばれる首長が現れる。13世紀には有力按司がそれぞれグスクを築き、各地の支配を始めた。
史実としての王統が現れるのは12世紀後半、舜天王統、英祖王統だが、その後国が乱れ、三山と呼ばれる3つの勢力圏に分かれた。中山、北山(山北)、南山(山南)で、それぞれが明国との朝貢・冊封体制を結んでいた。

15世紀初頭～後半　統一された南の島の王統を知る
琉球王国の誕生

三山を統一した尚巴志は、首里を拠点に海外交易を積極的に繰り広げていった

中山王・察度の跡を継いだ武寧のとき、佐敷按司だった尚巴志がこれを滅ぼし、父の思紹を中山王にして、自らを世子とする。その後、北山、南山を相次いで滅ぼし併合、1429年琉球王国を建てた。第一尚氏と呼ばれる時代だ。三山を統一した尚巴志は、首里城の整備を進め、また海外との交易も盛んに行なった。

護佐丸・阿麻和利の乱　2人の英雄の悲劇

北山攻略で戦功を挙げた護佐丸は本島中部に居を構え、阿麻和利は勝連半島を拠点に勢力を誇った有力按司。1458年、護佐丸に謀反の企てがあるとして、尚泰久の命で阿麻和利はこれを討つ。しかし、その後自らが首里を襲おうとして王府軍の前に敗れた。果たして誰が忠義で誰が反逆者だったのか、または有力按司の排除を狙った企みだったのか、今も謎のままだ。

→右が英祖王の墓といわれる。左が第二尚氏の尚寧王の墓。ようどれとは「夕凪」という意味

浦添ようどれ　浦添 MAP 付録P.13 F-4
うらそえようどれ
13世紀に英祖王が築いたとされる王陵。17世紀に尚寧王が改修し、自身もここに葬られている。
☎098-874-9345(浦添グスク・ようどれ館)　所浦添市仲間
開9:00～18:00　休無休　料無料　交西原ICから約1.5km／バス・仲間下車、徒歩5分　P25台
浦添グスク・ようどれ館
開9:00～17:00　休月曜(祝日の場合は開館)　料100円

三山の勢力と主要なグスク(城)

今帰仁城　【築城年】13世紀頃
北山王の居城

座喜味城　【築城年】15世紀初頭(1416～22)
護佐丸の居城

勝連城　【築城年】13世紀頃
阿麻和利が居城

中城城　【築城年】14世紀中頃
護佐丸の居城

首里城　【築城年】14世紀中頃
第一尚氏、第二尚氏の居城

南山城(島尻大里城)　【築城年】13世紀頃
南山王・承察度の居城

まずは、世界遺産に登録されている5つのグスクから訪れてみたい
沖縄のグスク（城）に出かける

グスク（城）とは、南西諸島各地に点在する城のこと。三山時代には、各地の有力按司が拠点にし、その勢力を競っていた。石垣や美しいアーチを描く城門、そして城郭からの眺めも楽しみたい。

琉球は12世紀前後からグスク時代を迎え、各地の按司と呼ばれる有力な首長たちがグスクを構え、互いに勢力を競いあうようになった。

琉球弧と呼ばれる南西諸島には300ほどのグスクが分布し、その多くは要塞・居城とされるが、聖域などとする説もある。

1853年に那覇港に入港したペリー提督一行は古代の城塞・中城に驚き、その詳細な平面図を記録している。

城郭 城塞化したグスクは複数の城郭で構成されていることが多い

聖域 多くのグスクには信仰の対象となる聖地、御嶽（拝所）がある

建築物 城郭の中心となる殿舎が建てられていた。首里城跡では復元されている

城門

城壁 城跡により石積みの方法はさまざま

琉球王国への時間旅行

今帰仁城跡　世界遺産
なきじんじょうせき
今帰仁 MAP 付録P.5 D-2

14世紀、北山王の居城だったグスク。琉球王国成立以後も、北部地域の要として北山監守が置かれていた。
☎0980-56-4400　所今帰仁村今泊5101　開8:00〜19:00(冬季は〜18:00)　休無休　料400円
交許田ICから約26km　P300台

座喜味城跡　世界遺産
ざきみじょうあと
読谷 MAP 付録P.8 A-4

1416〜22年頃に護佐丸によって築城された。楔石が使われた城郭のアーチ門は沖縄に現存する最古のものといわれる。
☎098-958-3141(世界遺産座喜味城跡ユンタンザミュージアム)　所読谷村座喜味708-6　開休料見学自由　交石川ICから約13km　P52台

勝連城跡　世界遺産
かつれんじょうあと
うるま MAP 付録P.6 C-4

阿麻和利が居城したグスク。階段状に城郭を配置した梯段式という様式を持つ。頂上から美しい海が眺められる。
☎098-978-7373　所うるま市勝連南風原　開休料見学自由　交沖縄北ICから約10km　P39台

首里城跡　▶P.96　世界遺産
しゅりじょうあと
首里 MAP 付録P.18 B-3

那覇港を見下ろす丘陵にある。1429年に尚巴志が三山を統一して、琉球王国を成立させた。

中城城跡　世界遺産
なかぐすくじょうあと
北中城 MAP 付録P.11 E-3

14世紀の中頃、先中城按司による築城とされ、1440年には護佐丸が座喜味城から移封され、居城とした。
☎098-935-5719　所北中城村大城503　開8:30〜18:00(10〜4月は〜17:00)　休無休　料400円　交北中城ICから約3km　P50台

南山城跡（島尻大里城跡）
なんざんじょうあと（しまじりおおさとじょうあと）
糸満 MAP 付録P.10 A-4

承察度、汪応祖、他魯毎の3代の南山王が政を司っていた地。敷地には高嶺小学校が建てられている。
☎098-840-8135(糸満市観光スポーツ振興課)　所糸満市大里大原　開休料見学自由　交豊見城ICから約7km　Pなし

15~16世紀 華やかなりし琉球王国への旅
尚真王の時代

**伊是名島から首里に出て王府に仕えた
金丸が王位に就き、第二尚氏の王統を開く**

　三山を征して最初に琉球を統一した第一尚氏王朝だったが、その政権は安定せず、1453年には王位継承をめぐる「志魯・布里の乱」が、1458年には強大な按司同士が王位を狙った「護佐丸・阿麻和利の乱」が起こった。そして第7代尚徳王が死去すると、クーデターによって重臣だった金丸が王に推挙され、1470年に第二尚氏王朝の始祖・尚円として即位した。

　琉球王国の黄金時代を築いたとされる3代目の国王・尚真が即位したのは1477年、以後1526年に61歳で没するまでの50年間に多大の事績を残した。そのひとつに「按司首里集居策」があり、これは各地の按司の勢力を弱体化するために、按司を在地から切り離し、首里に住むことを義務づけたものだった。ほかに、位階制・職制の整備、祭祀における神女職の組織化、玉陵や園比屋武御嶽石門、菩提寺の円覚寺の造営などを行った。

↑三代尚真王御後絵〈鎌倉芳太郎氏撮影、沖縄県立芸術大学附属図書・芸術資料館所蔵〉

↑中室、東室、西室に分かれ、王と妃の骨は東室に納められた

玉陵 ➡ P.99
たまうどぅん
世界遺産
首里 MAP 付録P.18 A-2
1501年、尚真王が父・尚円王の遺骨を改葬するために築かれたもので、その後、第二尚氏王統の陵墓となった。

旧円覚寺総門・放生橋
きゅうえんかくじそうもん・ほうじょうばし
首里 MAP 付録P.18 C-2

尚真王が父・尚円王の菩提を弔うため、1492年から3年をかけて建立した円覚寺。その伽藍跡には、第一門である総門（1968年復元）や、放生池に架かる放生橋（1967年復元）が残る。橋の親柱の柱頭には、優れた獅子の彫刻が見られる。

↑琉球での臨済宗の総本山だった寺院

☎098-866-2731（沖縄県文化財課）　⚑那覇市首里当蔵町
⏰見学自由　🚃ゆいレール・首里駅から徒歩10分　Ｐなし

『おもろそうし』 古琉球の信仰を伝える

　「おもろ」とは、沖縄の古歌謡のこと。『おもろそうし』は、16世紀から17世紀にかけて編集された22巻からなる祭式歌謡集だ。琉球方言で書かれた、琉球文学の代表的な神歌集であり、1554首が収録されている。

　内容は、琉球の最高神女である聞得大君などの神歌、地方おもろ、英雄や王府儀礼を詠ったものなど、さまざま。古琉球の信仰や民俗、言葉などを知る一級の資料となっている。

↑仲吉本『おもろそうし』。おもろ主取家である安仁屋家に伝えられた安仁屋本系統の写本〈琉球大学附属図書館提供〉

明の冊封体制と海禁策を背景に、東アジアの中継貿易国として栄えた

琉球をめぐる大航海時代

東シナ海から南シナ海へ。15世紀以降の沖縄の周辺の海は、さまざまな交易船、進貢船が行き交っていた。中国、朝鮮はもちろん、遠く東南アジアの国とも盛んに交易が行われていた。

中国との関係は冊封と進貢が基本

1368年、中国に明が成立すると、華夷思想によって諸外国に進貢（朝貢・入貢）をすすめ、皇帝に従属的な関係を成立させ、また、冊封によって皇帝からその国の首長であることを認めてもらうという関係を結ばせた。

琉球で最初に進貢したのは三山時代の中山王察度で（1372年）、2代目の武寧は1404年に冊封された。その後、この明との進貢・冊封体制が背景となって琉球は中継貿易国として繁栄していくことになる。

アジアの海外交易の要衝にある

明は進貢国にのみ貿易を許可したが、琉球はこの体制を利用して中国・朝鮮・日本（坊津・堺など）・東南アジア諸国をカバーする交易ルートを開拓していく。

明への進貢品には馬・硫黄・螺殻（夜光貝）などの琉球の特産品はもとより、刀などの日本製品、南方からの象牙や香辛料なども含まれていたが、このことは、琉球が明との進貢貿易を通じて日本や東南アジア諸国との中継貿易を行っていたことを物語っている。

↑進貢船図。賑わう那覇港の様子も描かれている〈沖縄県立博物館・美術館所蔵〉

識名園
しきなえん
世界遺産
那覇 MAP 付録P.15 E-4

琉球王家最大の別邸だったところで、回遊式庭園となっている。18世紀の終わり頃に造営され、冊封使の接待などに利用された。

↑園内の石橋や六角堂などは、中国風の様式が取り入れられている

☎098-855-5936(識名園券売所) 所那覇市真地421-7 開9:00〜18:00(10〜3月は〜17:30)入場は各閉園30分前まで 休水曜(祝日の場合は翌日) 料400円 交バス・識名園前下車、徒歩1分 P64台

旧崇元寺第一門及び石牆
きゅうそうげんじだいいちもんおよびせきしょう
那覇 MAP 付録P.17 E-1

1527年頃の創立とされる歴代王家の霊廟。冊封使が来琉した際に、首里城での新王の冊封に先立ち、先王の霊位を祀る儀式が行われた。

→第一門は内地に通じるアーチ型の石門

☎098-917-3501(那覇市文化財課) 所那覇市泊1 休見学自由 交ゆいレール・牧志駅から徒歩7分 Pなし

海外貿易の航路

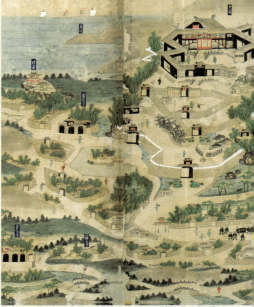

↑「首里那覇港図屏風(部分)」。崇元寺方面から円覚寺、首里城を望む〈沖縄県立博物館・美術館所蔵〉

17～19世紀 対外貿易の権益を狙った島津氏
薩摩藩支配下の琉球

薩摩藩の支配を受けていることを隠蔽して明国との冊封関係は続けられていた

　豊臣秀吉の九州平定によって、薩摩・大隅・日向の戦国大名・島津義久は1587年に降伏。1590年に全国統一を果たした秀吉が朝鮮出兵を決めると、義久は薩摩の財政を立て直す策として、琉球支配をもくろみ、朝鮮侵攻を秀吉の命として琉球にも軍役などの負担を要求した。しかし、財政難にあった琉球王国にはこれに応じる財力はなく、しかも宗主国は明であるという意識が強く、要求に対してはその一部のみを拠出したが、これがのちの薩摩軍の琉球侵攻に結びついていく。

　1598年に秀吉が病死し、1603年には徳川家康による江戸幕府が成立する。当時、家康は外交的にいくつか問題をかかえていたが、そのひとつに明との関係の回復があった。幕府はその調停役として琉球を利用しようとしたが、王府側が拒否したため、島津薩摩軍は約3000の兵を琉球にさしむけた(1609年)。

　尚寧王の軍に勝ち目はなく、首里城はあっけなく陥落し、島津氏は家康から琉球の支配権を与えられたのだった。

↑七代尚寧王御後絵〈鎌倉芳太郎氏撮影、沖縄県立芸術大学附属図書・芸術資料館所蔵〉

羽地朝秀と蔡温　2人の偉大な政治家

　「琉球の五偉人」のひとりとされる羽地朝秀(1617～76)は、唐名を向象賢といい、10代尚質、11代尚貞王の摂政として、政治・経済・社会・文化などの広い分野で改革を実行した。島津侵攻で混迷・疲弊した琉球社会に対し、贅沢や虚礼の廃止による財政支出の抑制、行政と祭祀の分離、風紀の粛正、役人の農民に対する不正を取り締まることによる農村の振興などの改革を図った。また、琉球最初の正史『中山世鑑』も編纂していることでも知られる。

　これら朝秀の改革を受け継いだのが、三司官・蔡温(1682～1761)だった。13代尚敬王の王府に仕えた蔡温が注力した施策は、農村地域においては疲弊からの脱却と山林の整備、都市地域においては士階層の就職難の解消があったという。

　王府財政の立て直しを図るため、ウコンなどの専売制度を強化し、また港湾や道路のインフラ整備なども行っている。

蔡温肖像画〈沖縄県立博物館・美術館所蔵〉

19世紀 薩摩藩から日本政府の統治下に
琉球処分・王国の解体

明治政府による琉球藩設置から首里城明け渡し、琉球王国の滅亡まで

　島津氏の琉球支配によって、幕藩体制に組み込まれた琉球王国は、一方でなおも中国との進貢・冊封体制を続けていた。しかし、明治維新の廃藩置県によって琉球には1872年に「琉球藩」が置かれたが、一国にもう一人の国王が存続するのはあり得ないとする内務大丞・松田道之は1879年に来琉し、「琉球処分」を強行、これにより琉球王国は解体され、沖縄県となった。

内務大丞・松田道之が琉球処分官として首里王府に強硬な姿勢を示した〈那覇市歴史博物館蔵〉

琉球を訪れた外国人たちの記述による、王国時代の島の様子と暮らし

異国船が見た琉球の景色と人々

幕末、ヨーロッパ各国から東アジアを目指して艦隊が来航するようになる。彼らが残した記録から、当時の琉球王国でどのような暮らしが営まれていたかをたどってみたい。

欧米船は何を求めて琉球へ？

　欧米船の来琉は漂着や交易目的などを含め、15世紀頃から始まるが、なかでも1820年代から幕末にかけての約50年間には、その数は100隻を超えるという。このなかには、ジョン万次郎を乗せた商船サラ・ボイド号や、米国ペリー提督の艦隊もあった。なぜ、これほど多くの欧米船が琉球にやって来たのだろうか。

　18〜19世紀の産業革命によって欧米諸国は熾烈な市場拡大と植民地の獲得競争をアジアでも展開、これを背景に琉球周辺にも多くの異国船が渡来することになったのだった。しかし、この頃、日本は鎖国下にあり、王府は対応に苦慮したという。

⬆首里城を訪問したペリー提督（那覇市歴史博物館蔵）

イギリスの素敵な地方を感じさせる

　1816年の英国海軍軍艦アルセスト号とライラ号の渡航は、ジョン・マクロードの『アルセスト号朝鮮・琉球航海記』とベイジル・ホールの『朝鮮・琉球航海記』として記録が残されている。

　それらによると、那覇港からの光景には「文明社会から隔絶された島のそれというよりも、イングランドの最も素敵な地方」を感じ、住民は「態度は控えめで礼儀正しく、内気で丁重」な好感のもてる人々とある。はるか海原を越えて琉球を訪れた彼らには、この南の島の光景は好ましいものに映ったようだ。

　ちなみに、アルセスト号の航海記は江戸の文人・大田南畝もすでに読んでいたという。

琉球人の体、性格、好奇心

　英国軍艦ブロッサム号が那覇に9日の間寄泊したのは、ベイジル・ホールの来琉から11年後の1827年のことで、この航海記が『ブロッサム号来琉記』だ。

　筆者の司令官ビーチーは、住民の体躯について「その平均的な背丈は5フィート5インチ（約167cm）を超えない」と観察し、その性格を「日本本土人よりも好戦的でなく、残忍でなく、また卑屈でもない」とした。とはいえ、ホールが記した「琉球には武器も貨幣もない」という点に関しては、ビーチーは否定的な判断をしている。これについては、1853年に那覇に来航したペリーも『ペリー提督日本遠征記』でホールの記述を否定している。

　ペリー提督のアメリカ艦隊は那覇を日本開国の拠点としたが、一行は王宮（首里城）に訪問もしている。その行列は「整然として、絵に描いたようだった」が、住民たちも「道路の両側にぎっしりと」群がっていたという。この琉球の人々が見せる旺盛な好奇心は、1844年に来琉したフランス人宣教師フォルカードも『幕末日仏交流記』のなかで、手回しオルガンをめぐるエピソードとしておもしろおかしく紹介している。

参考・引用文献
ベイジル・ホール『朝鮮・琉球航海記』1986年 岩波文庫
J・マクロード『アルセスト号朝鮮・琉球航海記』1999年 榕樹書林
『ブロッサム号来琉記』1979年 第一書房
『ペリー提督日本遠征記』2014年 角川ソフィア文庫
フォルカード『幕末日仏交流記』1993年 中公文庫

⬆琉装をまとった当時の人々の様子が描かれている「婚姻風俗図（部分）」
〈沖縄県立博物館・美術館所蔵〉

琉球王国への時間旅行

琉球王国 歴史年表

西暦	琉球王代	日本	事項
607			隋の煬帝、朱寛を琉球に遣わす
753		天平勝宝 5	遣唐使・阿倍仲麻呂、唐僧・鑑真、阿児奈波島(沖縄島)に漂着
1187	舜天 元	文治	**舜天王統** 舜天、即位と伝わる
1260	英祖 元	文応 元	**英祖王統** 英祖、即位と伝わる。極楽山に陵墓を築く(浦添ようどれ P.100)
1291	32	正応 4	元軍、6000の兵で瑠求を討つが失敗
1314	玉城 元	正和 3	玉城即位。この頃から三山対立
1350	察度 元	観応 元	**三山時代・察度王統** 察度即位 **三山時代**
1372	23	応安 5	明の太祖、楊載を遣わし、中山王を招諭。察度、弟の泰期を遣わし、明に進貢
1380	31	康暦 2	中山、明に進貢。南山王・承察度、明に進貢
1383	34	永徳 3	北山王・怕尼芝、明に進貢
1389	40	康応 元	中山王、完尼之を高麗に遣わす
1390	41	明徳 元	宮古・八重山が、中山に入貢
1404	武寧 9	応永 11	明、冊封使を中山に遣わす(冊封の始め)
1406	尚思紹 元	13	**第一尚氏王統** 尚巴志、中山王・武寧を滅ぼし、父思紹を王とする
1416	11	23	北山王・攀安知、中山に滅ぼされる
1422	尚巴志 元	29	尚巴志、中山王となる
1429	8	永享 元	南山を滅ぼして、三山を統一する **琉球王国**
1453	尚金福 4	享徳 2	志魯・布里の乱。**首里城** P.96炎上
1458	尚泰久 5	長禄 2	護佐丸・阿麻和利の乱起こる。万国津梁の鐘、鋳造される
1466	尚徳 6	文正 元	尚徳、喜界島に遠征し凱旋。琉球使節、室町幕府に使者を送り足利義政に謁見
1469	9	文明 元	福州に琉球館を設置
1470	尚円 元	2	**第二尚氏王統** 金丸、王位に就き、尚円を称す
1492	尚真 16	明応 元	**円覚寺** P.102建立
1501	25	文亀 元	**玉陵** P.99建立
1516	40	永正 13	備中の三宅国秀、琉球征服を図るが、島津氏に討たれる
1519	43	16	**園比屋武御嶽石門** P.108創建
1526	50	大永 6	尚真、諸按司を首里に集住させる
1527	尚清 元	7	待賢門(のちの**守礼門**) P.97建立。この頃、**崇元寺** P.103建立される
1531	5	享禄 4	『おもろそうし』第1巻編集される
1571	尚元 16	元亀 2	奄美大島を支配下に置く

西暦	琉球王代	日本	事項
1589	尚寧 元	天正 17	尚寧即位
1591	3	19	豊臣秀吉が朝鮮出兵に伴う軍役・使役を命ずるが、琉球は拒否。兵糧米は供出
1605	17	慶長 10	野国総官、福州から甘藷をもたらす
1609	21	14	島津氏、琉球侵攻。尚寧降伏する **薩摩藩による支配**
1610	22	15	島津氏、琉球の検地を始める。尚寧、島津家久に伴われ、徳川家康に拝謁
1611	23	16	島津氏、検地終了(8万9086石)
1616	28	元和 2	尚豊、薩摩から朝鮮陶工を連れ帰る
1621	尚豊 元	7	尚豊即位。以後、王の即位には、島津氏の承認を得ることが慣例となる
1623	3	9	儀間真常、初めて黒糖を製造する
1631	11	寛永 8	薩摩藩、那覇に在番奉行を設置
1634	14	正保 元	江戸幕府へ初の謝恩使を派遣
1650	尚質 3	慶安 3	羽地朝秀(向象賢)『中山世鑑』を編纂
1654	7	承応 3	首里・那覇・久米村・泊への他村からの移住が禁止される
1660	13	万治 3	首里城焼失
1666	19	寛文 6	向象賢、摂政となる
1681	尚貞 13	天和 元	徳川綱吉将軍就任の慶賀使派遣
1682	14	天和 2	陶工を**壺屋** P.156に集住させる
1715	尚敬 3	正徳 5	玉城朝薫、踊奉行となる
1728	16	享保 13	蔡温、三司官となり、国師を兼務
1749	37	寛延 2	この頃、人口約20万と伝わる
1764	尚穆 13	明和 元	徳川家治将軍就任の慶賀使派遣
1772	21	安永 元	疫病流行し、4500人余が死亡
1790	39	寛政 2	徳川家斉将軍就任の慶賀使派遣
1816	尚灝 13	文化 13	英国船ライラ号、アルセスト号来航
1842	尚育 8	天保 13	徳川家慶将軍就任の慶賀使派遣
1844	10	弘化 元	仏軍艦アルクメーヌ号来航
1848	尚泰 元	嘉永 元	尚泰即位(最後の琉球国王)
1851	4	4	ジョン万次郎来琉
1853	6	6	米海軍提督ペリー那覇に来航
1854	7	安政 元	ペリー4度来琉し、琉米修好条約調印
1855	8	2	琉仏修好条約調印
1859	11	6	琉蘭修好条約調印
1866	19	慶応 2	最後の冊封使が来琉
1871		明治 4	廃藩置県で鹿児島県設置。琉球はその管轄下に置かれる
1872		5	琉球藩設置。尚泰、藩王となる **琉球藩**

沖縄の歴史と文化を知るスポット

外国との交流など、固有の歴史のなかで独自の文化を築いた沖縄。伝統的な芸能や工芸品にふれ、その魅力を実感しよう。グスクなど、世界遺産に登録された貴重な史跡もぜひとも訪れておきたい。

沖縄県立 博物館・美術館（おきみゅー）
おきなわけんりつはくぶつかん・びじゅつかん（おきみゅー）

沖縄の独特な自然と人々の営みを伝える

博物館では歴史や文化、自然などを幅広く紹介。美術館では沖縄の作家や沖縄にゆかりがある作家の作品を中心に展示。沖縄への理解が深まるスポット。

那覇 MAP 付録P.19 E-2
☎098-941-8200 所那覇市おもろまち3-1-1 時9:00～18:00(土・日曜は～20:00)入場は各30分前まで 休月曜(祝日、振替休日、慰霊の日の場合は翌平日)、ほか不定休 料博物館常設展530円、美術館コレクション展400円(そのほかは別途) 交ゆいレール・おもろまち駅から徒歩10分 P158台

↑博物館常設展には旧首里城正殿鐘（国指定重要文化財）を展示

↑ふれあい体験室（無料）は大人でも楽しめる

↑伝統工芸館の琉球ガラス作り体験

那覇市ぶんかテンブス館／那覇市伝統工芸館
なはしぶんかテンブスかん／なはしでんとうこうげいかん

国際通りの真ん中で楽しむ沖縄の伝統文化

複合施設てんぶす那覇の中にある。ぶんかテンブス館では伝統芸能公演の鑑賞や文化体験、伝統工芸館では工芸品の展示や手作り体験が楽しめる。

那覇 MAP 付録P.17 D-3
☎ぶんかテンブス館098-868-7810／伝統工芸館098-868-7866 所那覇市牧志3-2-10 時ぶんかテンブス9:00～22:00(月曜は～18:00、芸能公演は木曜19:00～※要予約)、伝統工芸館 9:30～17:30(工芸品販売所は～19:00) 休水曜 料ぶんかテンブス館 芸能公演1500円／伝統工芸館 展示室310円、体験工房1540～3240円 交ゆいレール・牧志駅から徒歩5分 P81台(有料)

国立劇場おきなわ
こくりつげきじょうおきなわ

沖縄伝統芸能のさまざまなジャンルの公演が鑑賞できる

中国の冊封使の歓待のため創作された歌舞劇「組踊」や、琉球舞踊、琉球音楽、民俗芸能などを上演。上演演目にまつわる資料の展示室もある。公演スケジュールはHPで確認しておきたい。

浦添 MAP 付録P.14 C-1
☎098-871-3350 所浦添市勢理客4-14-1 時10:00～18:00、電話予約10:00～17:30 休無休 料公演により異なる、展示室無料 交那覇ICから約7km／那覇空港から約8km P209台

↑普及公演は2100円で鑑賞できる

↑組踊は国の重要無形文化財に指定されている

琉球王国への時間旅行

沖縄の世界遺産（琉球王国のグスク及び関連遺産群）

件名	概略	所在地	掲載ページ	付録地図・掲載位置
首里城跡(首里城公園)	復元が進む琉球王国の王城。王族が住んだ	那覇市	P.96	MAP 付録P.18 B-3
中城城跡	北中城村から中城村にわたる高台に建つ	北中城村	P.101	MAP 付録P.11 E-3
座喜味城跡	15世紀初頭、護佐丸が築いた本島中部のグスク	読谷村	P.101	MAP 付録P.8 A-4
勝連城跡	勝連半島の丘の上に建つ。阿麻和利が居城した	うるま市	P.101	MAP 付録P.6 C-4
今帰仁城跡	本部半島にあり、13世紀頃の築城といわれる	今帰仁村	P.101	MAP 付録P.5 D-2
斎場御嶽	琉球の始祖が作ったという沖縄最高の聖地	南城市	P.108	MAP 付録P.10 C-3
園比屋武御嶽石門	国王が首里城からの外出時、道中の安全を祈った	那覇市	P.108	MAP 付録P.18 B-2
玉陵	首里城付近にある、第二尚氏王統時代の陵墓	那覇市	P.99	MAP 付録P.18 A-2
識名園	琉球王家最大の別邸。保養や冊封使歓待に使われた	那覇市	P.103	MAP 付録P.15 E-4

本島南部
沖縄の聖地と南部戦跡を巡る
ほんとうなんぶ

心が清められる、聖なる祈りの場所。
沖縄戦を象徴する公園や資料館も訪れて
戦没者を悼み、平和へ祈りを捧げたい。

斎場御嶽でも特に印象的な三角形のトンネル

三庫理
さんぐーい

2枚の巨岩がつくる三角の洞門の先に、拝所の空間が広がっている。

沖縄始まりの地を訪ねる
聖地で感じる島の力

沖縄の創世神話に登場する神々の聖地。自然が創り出した奇跡の風景。
厳かな空気漂う熱帯の島の神秘的な世界。

寄満
ゆいんち

王府用語で「台所」を意味し、農作物の豊穣を祈願した拝所といわれている。

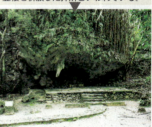

御嶽（うたき）とはなにか

沖縄で神の降臨する地とされる神聖な杜。樹木や岩などが神の依代として祀られる。沖縄各地の集落に守り神を祀る御嶽があり、その数800以上といわれる。

園比屋武御嶽石門
そのひゃんうたきいしもん

世界遺産

首里 MAP 付録P.18 B-2

首里城近くにある御嶽の門。国王が外出の際、道中の無事を祈願した。

☎098-917-3501（那覇市文化財課） 所那覇市首里真和志 首里城公園内 ゆいレール・首里駅から徒歩15分 Pあり（首里城公園駐車場利用）

斎場御嶽
せーふぁうたき

世界遺産

南城 MAP 付録P.10 C-3

森に広がる沖縄随一の聖地
岩の向こうに神の島を望む

沖縄に数多くある御嶽で最高位に位置する最も神聖な地。王朝時代には、最高位の女性神官である聞得大君の就任儀式や国家的な儀式・祭礼がここで執り行われた。神聖な空気が包む森の中に、礼拝や儀式を行う6つの拝所が点在している。

☎098-949-1899（緑の館・セーファ） 所南城市知念字久手堅 営9:00〜18:00（11〜2月は〜17:30、最終入場は閉園30分前） 休旧暦の5月1〜3日、10月1〜3日（年によって変動あり） 料300円 交南風原南ICから約16km Pあり（南城市地域物産館駐車場利用）

大庫理
うふぐーい

大広間の意。岩の前に石を敷いた祈りの場があり、国の重要儀式を行なった。

掲載許可：
南城市教育委員会

イシキ浜
イシキはま
五穀の壺が流れ着いた、沖縄の五穀発祥の地とされる浜。

久高島
くだかじま
南城 MAP 本書P.3 E-3

多くの神事が行われる神の島 島巡りはレンタサイクルで

周囲8kmの小島。沖縄の創世神・アマミキヨが降臨し、海の彼方にある神々の楽園ニライカナイに通じる地とされ、島全体が聖地と崇められている。琉球七御嶽のひとつ、フボー御嶽などの拝所が点在し、神話にまつわる伝説の地が数多く残る。

☎098-835-8919(NPO法人久高島振興会)
㊒フェリー乗船片道680円、高速船片道770円 ㊋南風原北ICから安座真港へ約14km/安座真港からフェリーで25分、高速船で15分

安座真港出航時間		久高島出航時間	
08：00	フェリー	08：30	高速船
09：30	高速船	10：00	フェリー
11：00	フェリー	12：00	高速船
13：00	高速船	14：00	フェリー
15：00	フェリー	16：00	高速船
17：00	高速船	17：00	フェリー

シマーシ
神の楽園ニライカナイの来訪神が船を停泊したとされる浜。

御殿庭
うどぅんなー
島の始祖シラタルーを祀るお宮がある。イラブーの燻製所も。

ヤグルガー
聖水が湧く井戸。祭祀の前に神女がここで禊を行う。

アマミキヨの琉球開闢神話

1650年編纂の沖縄最初の歴史書『中山世鑑』では、沖縄の始まりについて、次のように記されている。天界に住む女神アマミキヨは、天帝(天界の最高神)から下界に島を造るよう命じられた。

アマミキヨは最初に安須森(国頭村)、クバ(今帰仁村)、斎場(南城市知念)、藪薩(南城市玉城)、雨粒天次(玉城グスク内)、フボー(久高島)、首里城首里森の7つの御嶽(聖地)を造った。島が形作られると、1組の男女の神が島へ降り、やがて女神が3男2女を生んだ。長男は最初の琉球王・天孫氏となり、次男は按司(地方官)、三男は農夫、長女は大君(神女)、次女はノロ(巫女)のそれぞれ祖先となった。アマミキヨが穀物の種を蒔くと、島に農耕が始まり、人々の営みが始まったという。

沖縄の創世神・アマミキヨにまつわる聖地は、沖縄各地にある。久高島はアマミキヨが降臨し、最初に五穀の種を蒔いた地とされている。沖縄のそれぞれの島や地域によって、開闢神話の内容には少しずつ違いがみられる。

➡アマミキヨが島造りのため、最初に降り立ったとされる久高島のカベール岬

聖地で感じる島の力

ガンガラーの谷
ガンガラーのたに
南城 MAP 付録P.10 B-3

古代人が住んだ亜熱帯の森で 秘境探検の気分を味わう

鍾乳洞が崩れ落ちてできた谷。谷にはガジュマルの大木などの亜熱帯の森が広がる。約2万年前の古代人の生活跡などの見どころもある。谷内の見学はガイドツアー参加者のみ。ツアーは要予約。

☎098-948-4192
㊐南城市玉城前川202
㊋9：00～16：00(電話受付は～17：30)ツアー催行時間は10：00、12：00、14：00、16：00(所要1時間20分) ㊌無休 ㊒ツアー参加2500円 ㊋バス・玉泉洞前下車、徒歩2分/南風原南ICから約6km ㊅30台

➡たくさんの根が垂れ下がる巨大なガジュマルの木。歩きやすい靴で参加しよう

沖縄戦終焉の地

今穏やかな時が流れるこの場所で、沖縄戦は終わりを告げた。

↑20万人以上の犠牲を生んだ沖縄地上戦を象徴する地。軍司令部は崖に阻まれ逃げ場を失った

平和祈念公園
へいわきねんこうえん
糸満 MAP 付録P.10 B-4

世界平和を発信する海と緑の憩いの地

←沖縄戦米軍上陸地の阿嘉島と2つの被爆地の火を採取した平和の火

沖縄戦終焉の地となった糸満市摩文仁に整備された都市公園。約40haの広大な園内には、戦没者墓苑や各府県の慰霊塔、沖縄戦を伝える資料館、戦没者の鎮魂と永遠の平和を祈る平和祈念像が点在。戦没者の冥福を祈り、世界の恒久平和を願う場となっている。海を望む一帯に広がる緑豊かな公園は、今では憩いの場として親しまれている。

☎098-997-2765 所糸満市摩文仁 営8:00～22:00
休無休 料無料 交豊見城・名嘉地ICから約14km
P531台

沖縄戦最後の激戦地 戦没者を追悼し平和を願う

沖縄県平和祈念資料館
おきなわけんへいわきねんしりょうかん

実物資料や戦争体験者の証言映像など、沖縄戦の歴史を詳しく紹介。
☎098-997-3844 営9:00～17:00(常設展示室入室は～16:30) 休無休 料300円

沖縄平和祈念堂
おきなわへいわきねんどう

人種や国家、宗教を超え、世界平和を祈る。平和祈念像を安置。
☎098-997-3011 営9:00～17:00(最終入場) 休無休 料450円

見学information

公園ガイド
ガイドの話を聞きながら園内を巡る。Webサイトから申込用紙をダウンロードして事前にファックスで申し込む。1グループ5000円～

園内バス
公園案内所を基点に、主要ポイントを巡りながら、摩文仁の丘までを結ぶ。9:00～17:00の間30分間隔で運行。乗車のつど150円

平和の礎
へいわのいしじ

国籍や軍人、民間人を区別せず、沖縄戦等の戦没者24万人余のすべての人々の名を刻む。

ひめゆりの塔・ひめゆり平和祈念資料館
ひめゆりのとう・ひめゆりへいわきねんしりょうかん
糸満 MAP 付録P.10 A-4

ひめゆり学徒の体験を知る

沖縄戦で亡くなったひめゆり学徒の慰霊碑。資料館では、生存者の映像や手記などで、戦場での様子を紹介。

☎098-997-2100 所糸満市伊原671-3
営資料館9:00～17:25(入場は～17:00)
休無休 料無料(資料館450円)
交豊見城・名嘉地ICから約12km Pなし
写真提供　ひめゆり平和祈念資料館

↑第4展示室では証言の本を読むことができる

↑ひめゆりの塔とひめゆり平和祈念資料館

旧海軍司令部壕
きゅうかいぐんしれいぶごう
豊見城 MAP 付録P.10 A-3

75年前の痕跡が残る地下秘密基地

戦時中に兵士3000人の手によって5カ月で掘られた壕が安全に体感できる。慰霊の塔で祈り、資料館で学ぶこともできる戦跡施設。

☎098-850-4055
所豊見城市豊見城236
営8:30～17:30(10～6月は～17:00)
料450円(資料館は無料)
交豊見城ICから約3km
P100台

↑壕内には約4000人の兵士が収容されていた

歩く・観る●本島南部

歴史

全島が戦場。学徒兵、民間人に多くの犠牲者を出した

沖縄戦──凄絶なる3カ月の総力戦

1942年6月、ミッドウェー海戦でアメリカ軍に大敗した日本軍は南西諸島方面の防備のために守備軍を沖縄に配備。1944年の猛烈な「10・10空襲」を受けて、沖縄での地上戦は不可避となった。

1944年2月〜 第32軍は持久戦へと作戦変更
沖縄守備軍

正規の軍人に防衛隊や中学生以上の学徒隊が動員され、学徒隊の死者は1200人を超えた

沖縄守備軍（第32軍）は1944年に創設され、連合国軍の上陸に備えた。その戦力は正規軍が約8万6400、海軍約1万、それに防衛隊や学徒隊が駆り出された。学徒隊の女子生徒は「従軍看護隊」として入隊したが、ひめゆり学徒隊や白梅学徒隊らはこれに属した。

沖縄守備軍の役割は、米軍を沖縄に釘付けにすることであり、どれだけ本土攻撃までの時間稼ぎができるか、本島南部を主陣地として持久戦を余儀なくされることになった。

1945年3月26日〜9月7日 地上戦開始から終戦への道程
3カ月の地上戦

陸上での火炎放射器や手榴弾の攻撃、海からの艦砲射撃、空からの機銃掃射

1945年3月26日、米軍が慶良間諸島へ上陸、沖縄地上戦が始まる。4月1日には本島中西部から沖縄本島へ上陸。北部と中部の飛行場が占拠され、20日には北部全域を占領した。21日には伊江島も制圧された。

一方、米軍の主力部隊は日本軍の司令部がある首里を、南側を除く三方から包囲、これにより5月下旬に首里は陥落。守備軍は南部の摩文仁へ撤退を余儀なくされた。6月中旬には、3万の日本軍と10万の住民が南部に追い詰められていった。そのなかで、数多くの悲劇の起きたことが伝えられている。6月23日、守備軍の牛島満司令官らが摩文仁の洞穴で自決し、日本軍の組織的な戦闘は終了したが、なおも抵抗を続ける部隊もあった。

8月14日、政府はポツダム宣言を受諾。9月2日には戦艦ミズーリ号上で降伏文書に調印した。沖縄の日本軍が正式に無条件降伏文書に調印したのは9月7日のことだった。沖縄戦での住民の犠牲者は15万人を超えたといわれる。当時の沖縄の人口の約4分の1の人が亡くなったことになる。

西暦	元号	事項
1879	明治12	3月、松田道之が来琉。琉球藩を廃し、沖縄県を設置。琉球を併合（琉球処分） **沖縄県**
1899	32	12月、第1回ハワイ移民団、那覇港を出発
1905	38	11月、『沖縄新聞』創刊
1925	大正14	**首里城正殿** ◯ P.96 国宝に指定される
1931	昭和6	9月、満州事変
1944	19	8月、第32軍司令官、牛島満中将着任。10月、10・10空襲
1945	20	3月、第2次防衛召集。17〜45歳の男子を動員、師範・中学校・高等女学校の生徒を部隊に配属。米軍、慶良間諸島に上陸。4月、アメリカ軍沖縄島に無血上陸。5月、第32軍司令部壕を放棄、米軍が占拠。6月、大田実率いる海軍全滅。牛島満司令官自決し、日本軍の組織的戦闘が終了した。8月、ポツダム宣言受諾、日本敗戦。沖縄諮詢会設置
1946	21	1月、GHQ、日本と南西諸島の行政を分離。4月、沖縄諮詢会、沖縄民政府となる **米軍占領下**
1950	25	11月、奄美群島など4地域の政府が沖縄群島政府に改められる。12月、アメリカ政府、沖縄支配機関を軍政府から琉球列島米国民政府に
1951	26	9月、サンフランシスコ平和条約・日米安全保障条約締結（翌年条約発効） **米軍施政権下**
1952	27	4月、琉球政府を設立
1958	33	9月、通貨が円からドルへ
1968	43	11月、公選主席選挙で屋良朝苗が当選
1971	46	6月、沖縄返還協定調印
1972	47	4月、沖縄に自衛隊配備決定。5月、沖縄日本復帰 **日本復帰**
1975	50	7月、沖縄国際海洋博覧会開催
1995	平成7	6月、**平和祈念公園** ◯ P.110に平和の礎建設
2000	12	7月、名護市で主要国首脳会議（サミット）開催。12月、**琉球王国のグスク及び関連遺産群** ◯ P.107、世界遺産に登録

沖縄戦終焉の地／沖縄戦

沖縄ドライブ

ニライカナイの彼方に神の島を望みながら駆ける
スピリチュアル・ドライブ

神話の地・久高島を望む南岸を走るルート。
絶景の広がる沿岸をドライブしながら、
本島南部に点在する祈りの地を訪ねたい。

1 道の駅 いとまん
みちのえき いとまん
糸満 MAP 付録P.19 E-3

さまざまな特産品が集まる

那覇空港からも近く観光の途中や
待ち時間などに利用できる便利な
施設。5つの団体からなり、物産セン
ター、JAファーマーズ、お魚セン
ターはたくさんの人が集まる場
所となっている。

☎098-987-1277(情報案内カウンター)
㊙糸満市西崎町4-20-4 ⏰9:00〜18:00
㊙無休 ㊙那覇空港ターミナルから約
9km Ⓟ395台

⬆ 名物のかまぼこも並ぶ

⬆ 沖縄でしか見られない
食材もズラリと並び、見る
だけでも楽しい

⬆ お魚センターでは海鮮
弁当も食べられる

2 平和祈念公園
へいわきねんこうえん
糸満 MAP 付録P.10 B-4

平和の願いが込められた地

沖縄戦最大の激戦地・糸満市摩文
仁に整備された美しい公園。各府
県の慰霊塔や国立沖縄戦没者墓苑、
沖縄県平和資料館、平和の礎・沖縄
平和祈念堂などがある。
➡ P.110

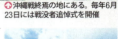
⬆ 沖縄終焉の地にある。毎年6月
23日には戦没者追悼式を開催

⬆ 「ガマ」という洞穴に見立てて造
られたという平和の丘

3 おきなわワールド 文化王国・玉泉洞
おきなわワールド ぶんかおうこく・ぎょくせんどう
南城 MAP 付録P.10 B-3

沖縄をまるごと楽しめる

沖縄の自然や歴史文化を紹介する
観光テーマパーク。スーパーエイ
サーやハブショー、鍾乳洞見学、
伝統工芸体験などが楽しめる。
➡ P.114

⬆ 写真に残した
いフォトスポッ
トがいっぱい

4 奥武島
おうじま
南城 MAP 付録P.10 C-4

海神祭のハーリーが有名

周囲約1.6kmの小島で、本島と
は150mの橋で行き来できる。鮮
魚店や沖縄天ぷらの店が並ぶ。

㊙南城市玉城奥武
㊙南風原南ICから約10km

ニライカナイとは海の彼方にある楽園のこと。県道86号方面から下りの景色が見事

所要 ◆ 約2時間15分
おすすめドライブルート

那覇空港から南部を海岸線に沿ってぐるっと巡る、比較的わかりやすいルート。糸満市・与那原町の国道331号は交通量が多く渋滞も。奥武島などの集落内の道路は狭いので注意しよう。ニライ橋・カナイ橋は絶景が広がるが、高低差もあるヘアピンカーブ。南風原北ICからは那覇空港自動車道の無料通行区間。指示に従い空港方面へ戻ろう。

那覇空港 なはくうこう
↓ 国道331号 9km／15分
1 道の駅 いとまん みちのえき いとまん
↓ 国道331号 10.5km／18分
2 平和祈念公園 へいわきねんこうえん
↓ 国道331号、県道17号 7km／13分
3 おきなわワールド 文化王国・玉泉洞 おきなわワールド ぶんかおうこく・ぎょくせんどう
↓ 県道17号、国道331号 5km／10分
4 奥武島 おうじま
↓ 国道331号、県道137号、県道86号 10km／20分
5 ニライ橋・カナイ橋 ニライばし・カナイばし
↓ 県道86号、国道331号 2.7km／6分
6 知念岬公園 ちねんみさきこうえん
↓ 国道331号 1.1km／5分
7 斎場御嶽 せーふぁうたき
↓ 国道331号、那覇空港自動車道、国道331号 30km／45分
那覇空港 なはくうこう

スピリチュアル・ドライブ

5 ニライ橋・カナイ橋
ニライばし・カナイばし
南城 MAP 付録P.10 C-3

車上から楽しむワイドビュー

大きくU字にカーブした橋の上から、久高島が浮かぶ太平洋のパノラマを一望できる。

所 南城市知念
交 南風原北ICから約15km
P 展望所以外、橋上は駐停車禁止

➡ カーブする橋の向こうに青い海が見渡せる

6 知念岬公園
ちねんみさきこうえん
南城 MAP 付録P.10 C-3

漁師町ののどかな台所

知念岬東端の景勝地。遊歩道を歩いて岬の突端まで行くと、よりワイドな海の眺望を楽しむことができる。

☎ 098-948-4660（南城市観光協会） 所 南城市知念久手堅 交 南風原南ICから約16km P 50台

➡ 駐車場から岬の先へは徒歩5分

7 斎場御嶽
せーふぁうたき
南城 MAP 付録P.10 C-3

世界遺産

王朝儀式が行われた聖地

➡ P.108

琉球神話にも登場する、沖縄で最も重要な聖地。森に点在する拝所を巡る。

➡ 森の中に神聖な空気が流れる

立ち寄りスポット

中本鮮魚てんぷら店
なかもとせんぎょてんぷらてん
MAP 付録P.10 C-4

もずく漁師が営む天ぷら店。季節に応じた魚や野菜を創業以来変わらないおいしさで提供する。

☎ 098-948-3583 所 南城市玉城奥武9
営 10:00～18:30（10～3月は～18:00）
休 木曜 交 南風原南ICから約10km
P あり

➡ 種類も豊富な天ぷらは75円〜と格安

もずくの天ぷらが、店いちばんのおすすめです

113

沖縄の魅力のすべてが詰まったテーマパーク

おきなわワールド 文化王国・玉泉洞

おきなわワールド ぶんかおうこく・ぎょくせんどう

エキサイティングなショーや伝統工芸の体験工房が充実

沖縄の自然や歴史・文化の魅力を生で実感できる施設。赤瓦屋根の街並が続く琉球王国城下町では、紅型や紙すきなどの多彩な伝統工芸の体験ができる。スーパーエイサーショーやハブショーの人気アトラクション、玉泉洞での鍾乳洞見学や沖縄グルメも楽しめる。

南城 MAP 付録P.10 B-3
☎098-949-7421 所南城市玉城前川1336 営9:00～17:30（入場は～16:30）休無休 料全エリアフリーパス1700円、子供(4～14歳)850円 交南風原南ICから約6km P400台

歩く・観る●本島南部

アトラクション
ダイナミックな舞踊のエイサーや獅子舞など盛りだくさんの伝統芸能ショーを披露。
所エイサー広場 営10:30、12:30、14:30、16:00（1日4回）

⇒琉球犬の「空」ちゃんがマスコット犬としてデビュー

玉泉洞

100万本以上の鍾乳石がある国内最大級の鍾乳洞。輝く青の泉、不思議な形の鍾乳石などが30万年の時を経て幻想的な風景を生み出している。
料1300円、子供650円（王国村入場も含む）

琉球王国城下町

昔の沖縄を再現した街並み。かわいいグッズが作れる工房や昔の衣装の着付けも体験できる。
料1300円、子供650円（王国村・玉泉洞含む）。各種体験は別途

伝統工芸体験が楽しめる

紅型工房
びんがたこうぼう
色鮮やかな紅型染めのコースターやバッグを作る。1080円～

紙すき工房
かみすきこうぼう
琉球和紙ではがきや万華鏡、ランプも作れる。520円～

藍染め工房
あいぞめこうぼう
琉球藍の染め体験でハンカチやマイバッグ作り。1080円～

機織り工房
はたおりこうぼう
機織り機で、かわいいしおりやストラップを織る。800円～

ブクブク茶屋

ブクブクちゃや
白い泡たっぷりのブクブク茶でひと休み

南都酒造所
なんとしゅぞうしょ
コーラルウォーター100%で仕込んだ風味豊かなビール「OKINAWA SANGO BEER」の醸造所兼ショップ。試飲コーナーもある。ほかに、ハーブ入りのハブ酒や沖縄産果実を使ったリキュール「島のなごみ」なども販売。

⇒シークヮーサー果汁が入った琉球ハブボールと琉球レモンサワーは人気急上昇

⇒OKINAWA SANGO BEERはセゾン、アルト、ケルシュ、IPA、ブラックエールの全5種類

那覇空港至近の瀬長島西岸にある白亜のショッピングスポット！

Gourmet

県内で人気のレストランや地元食材が味わえる店など、飲食店が21店舗。海を眺めながらの食事ができるテラス席は開放感たっぷり。テイクアウトできるフードやドリンクも豊富に揃い、散策しながらの食べ歩きも楽しめる。

氾濫バーガー チムフガス
はんらんバーガー チムフガス
バンズからはみ出る具が圧巻のバーガーは、沖縄の言葉で「満足させる」を意味する店名どおり。
⏰ 11:00〜21:00

KAN`S
カンズ
オーシャンビューのテラス席でワンランク上のお食事体験ができる、多国籍ダイニングバー。
⏰ 10:00〜22:00

Juice & Tea Bar ORIGAMI
ジュースアンドティーバーオリガミ
健康と美容を気遣う女性にうれしい低糖質タピオカ使用。沖縄限定の紅芋ミルクも人気。
⏰ 11:00〜21:00

Shopping

アクセサリーやファッション雑貨のショップがラインナップ。上質でおしゃれなメイド・イン・沖縄のアイテムを、旅の記念に持ち帰ろう。

TESHIGOTO
テシゴト
ハンドメイドにこだわり、帆布とレザーを使ったバッグを製作販売する。
⏰ 10:00〜20:00

Event

日没後には毎日海をテーマにしたプロジェクションマッピングを放映。

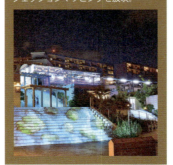

瀬長島ウミカジテラス
せながじまウミカジテラス

豊見城 MAP 付録P.10 A-3

沖縄の海風を感じながらリゾートアイランドでショッピング

2015年8月、瀬長島にオープンした商業施設。美しい海を望む斜面に立ち並ぶ白い建物は、地中海のリゾートをイメージ。マリンアクティビティやリラクゼーションも揃う。隣接する温泉「琉球温泉龍神の湯」と併せて訪れるのもおすすめだ。

☎ 098-851-7446　🏠 豊見城市瀬長174-6
⏰ 10:00〜22:00(店舗により異なる)　休 無休
🚗 那覇空港ターミナルから約6km／那覇空港、ゆいレール赤嶺駅から有料シャトルバスが運行
P 80台

テーマパーク／瀬長島ウミカジテラス

115

煌く海を眺めながら爽快なドライブ
西海岸リゾートエリア
にしかいがんリゾートエリア

絶景オーシャンビューが広がる西海岸にはリゾートホテルが数多く点在。滞在地としてまたドライブコースとしても人気だ。

↑東シナ海を望む恩納村の真栄田岬

歩く・観る ● 西海岸リゾートエリア

北谷から名護まで爽快に駆け抜ける
シーサイド・ドライブ

白砂の美しいビーチが点在するリゾート地は海景色抜群でドライブも快適。やちむんの里や琉球村で、伝統文化体験も楽しもう。

① やちむんの里
やちむんのさと
読谷 MAP 付録P.8 B-4

↑登り窯も沖縄らしい赤瓦

個性的な焼物が見つかる

登り窯や陶芸工房、ギャラリーが集まる陶芸村。工房見学や買い物が楽しめる。
➡ P.154

↑透明な海の白砂ビーチ

② 残波ビーチ
ざんぱビーチ
読谷 MAP 付録P.8 A-3

地元の人にも人気

海水浴設備が整い、バナナボートやグラスボートなどアクティビティも充実。

☎098-958-3833(ビーチハウス) ⌂読谷村宇座1933 ⊗石川ICから約14km ⓟ100台

③ 残波岬公園
ざんぱみさきこうえん
読谷 MAP 付録P.8 A-3

きれいな夕陽も魅力

岬に約2kmの断崖が続き、先端に白亜の灯台が建つ。公園内にBBQ施設やカフェ、周辺にスポーツ施設などがある。

☎098-958-0038(残波岬リゾートアクティビティパーク) ⌂読谷村宇座 ⊗石川ICから約14km ⓟ500台

↑灯台の展望台がいちばんの絶景ポイント

P.70 万座ビーチ
万座毛 ⑥
④ 真栄田岬
③ 残波岬公園
② 残波ビーチ
⑤ 琉球村
★座喜味城跡 P.101
① やちむんの里
P.117 A&W 美浜店
P.120 美浜アメリカンビレッジ

116

↑海岸へ階段で下りられる

4 真栄田岬
まえだみさき
恩納 MAP 付録P.8 B-3

眼下に紺碧の海が広がる

透明度抜群のサンゴ礁の海を断崖上から眺められる。人気ダイビングポイントの青の洞窟も近い。
☎ 098-982-5339（真栄田岬管理事務所）
所 恩納村真栄田　石川ICから約7km
P 180台（有料）

立ち寄りスポット
A&W 美浜店
エイ&ダブリュ みはまてん
MAP 付録P.11 D-2

1963年に沖縄に上陸したハンバーガー店。イートインのほか、ドライブスルーで利用することもできる。
☎ 098-936-9005
所 北谷町美浜2-5-5
営 8:00～24:00 休 無休
交 バス・桑江下車、徒歩1分 P 27台

↑A&Wバーガー 693円。ドリンクでは名物ルートビアを選びたい

5 琉球村
りゅうきゅうむら
恩納 MAP 付録P.8 B-3

昔ながらの村で文化体験

築80～200年の古民家を移築した観光テーマパーク。紅型染めや三線などのさまざまな文化体験のほか、広場で催される演舞やパレードで盛り上がる。雨天に安心なドーム型施設も。

↑観客参加型のパレード「道ジュネー」
→琉球衣装で撮影も可能（有料）

☎ 098-965-1234 所 恩納村山田1130
営 9:00～17:00（最終受付15:30）休 月～木曜
料 1500円　石川ICから約7km P 約200台

6 万座毛
まんざもう
恩納 MAP 付録P.9 D-2

七色に変化する海を堪能

遊歩道が設けられ、ゾウの鼻のような崖や夫婦岩、万座ビーチなど、多様な景色が満喫できる。石灰岩に自生する天然記念物の植物群落も必見。

↑西海岸でも人気の高い絶景スポット

☎ 098-966-8080
所 恩納村恩納　屋嘉ICから約7km
P 80台

7 ブセナ海中公園
ブセナかいちゅうこうえん
名護 MAP 付録P.9 F-1

海中世界を気軽に見てみたい

海中展望塔からは色鮮やかな熱帯魚を間近に見ることができる。海水浴設備が整い、アクティビティも充実。

☎ 0980-52-3379 所 名護市喜瀬1744-1 営 海中展望塔9:00～18:00（11～3月は～17:30）最終入場は各30分前／グラス底ボート9:10～17:30（11～3月は～17:00）の毎時10分、30分、50分に運航（12時台は10分・50分、11～3月の16時台は10分・30分のみ）休 無休 料 海中展望塔1050円、グラス底ボート1560円、セット料金（海中展望塔＋グラス底ボート）2100円　許田ICから約4km P 200台

↑水深5mの世界をのぞける海中展望塔がある

おすすめドライブルート
所要 ◆ 約2時間10分

那覇空港から沖縄南ICまでは沖縄自動車道で約34km、所要約40分。ルート付近には道の駅かでななど休憩スポットも点在する。観光名所やホテルが立ち並ぶ海岸沿いの道は、ハイシーズンには渋滞になることも。また、岬などの観光地周辺の道は狭く、車や歩行者も多いので注意しよう。国道58号は仲泊でバイパスと分岐するが、万座毛へは海沿いの旧国道を進もう。

沖縄南IC
おきなわみなみ
↓ 国道330号、県道130号、国道58号、県道12号 20km／40分

1 やちむんの里
やちむんのさと
↓ 県道12号、県道6号 8km／20分

2 残波ビーチ
ざんぱビーチ
↓ 550m／3分（徒歩）

3 残波岬公園
ざんぱみさきこうえん
↓ 県道6号 8km／12分

4 真栄田岬
まえだみさき
↓ 県道6号 2km／6分

5 琉球村
りゅうきゅうむら
↓ 国道58号 13.5km／20分

6 万座毛
まんざもう
↓ 国道58号 12.5km／20分

7 ブセナ海中公園
ブセナかいちゅうこうえん
↓ 国道58号 4.5km／5分

許田IC
きょだ

シーサイド・ドライブ

アメリカ文化を感じるエリアで遊ぶ
本島中部・東海岸
ほんとうちゅうぶ・ひがしかいがん

外国情緒が色濃く残る本島中部の港川や北谷町にある美浜アメリカンビレッジでアメリカンな雰囲気を楽しもう。

歩く・観る●本島中部・東海岸

おしゃれエリアを散策
港川外人住宅のショップ&カフェ

沖縄独特の外人住宅のなかでも注目のエリア。深いこだわりを持ったおしゃれで個性的なお店が集まっている。

周辺図 付録P.13 下

- P.119 rat & sheep
- P.119 OKINAWA CERRADO COFFEE BeansStore
- Cafebar Vambo Luga P.119
- P.119 [oHacorté] 港川本店
- P.118 ippe coppe

天然酵母を使ったパリッと新食感の食パン

ippe coppe
イッペ コッペ
MAP 付録P.13 E-3 パン

農学部出身の店主が農学の専門的な知識を取り入れ、ポストハーベスト農薬(収穫後の保存に使用する農薬)の使われていない、安全で安心な国産小麦を厳選して作ったおいしい食パンの専門店。

☎098-877-6189
所浦添市港川2-16-1 #26
営12:30～18:00 休火・水曜、第3月曜
バス・港川下車、徒歩10分 P1台

1. 外人住宅街の奥にひっそりとたたずむ、こだわりのベーカリー
2. 白イチジクとクリームチーズ330円(上)。もちっとしたプレーンベーグル290円(中)。ライ麦のバゲット200円(下)
3. かわいいディスプレイは、見ているだけで楽しくなる
4. バゲットのような生地で大人気のトースト350円(1斤)

フルーツたっぷりの
季節限定タルトを選ぶ

[oHacorté] 港川本店
オハコルテ みなとがわほんてん

MAP 付録P.13 E-3　　［タルト］

沖縄のフルーツタルト専門店として大人気の店。イートインスペースも設け、外人住宅を改装した店内、テラス小屋と自分に合ったスペースで心地よく過ごせる。手みやげやギフトにぴったりの焼き菓子も販売。

1. 木のぬくもりを感じる落ち着いた店内。家族連れもくつろいでいる
2. お店で出している紅茶やコーヒー豆と、雑貨などの販売も行っている
3. 季節のいろいろフルーツのタルト734円

☎098-875-2129
所浦添市港川2-17-1 #18　営11:30〜19:00(LO18:00)　休不定休　交バス・港川下車、徒歩10分　P6台

野菜料理中心のプレートで
体も心もリフレッシュ

Cafebar Vambo Luga
カフェバー バンボ ルーガ

MAP 付録P.13 E-3　　［カフェ・バー］

カウンター、図書館と呼ばれる部屋などいろいろな空間を用意。一人でも数人でものんびりできる。種類豊富な料理がのったプレートには、沖縄県産の野菜を多く使用している。

1. 8種類の野菜料理のチャンプルプレートランチ1100円
2. 座敷の部屋。小さな子どもと一緒に過ごすのにもぴったり
3. 昼夜問わず静かなたたずまい。雑貨なども販売

☎098-878-0105
所浦添市港川2-16-8 #21　営12:00〜23:00(LO22:00) 月曜は〜16:00　休火曜　交バス・港川下車、徒歩10分　P5台

1. ピンザハンバーグ930円。ピンザとは宮古島の方言でヤギのこと
2. すっきりとシンプルな店構え。窓が大きく開けられ、店内も明るい
3. 外人住宅街の一番奥に位置する静かな環境

初めてヤギ肉を食べる人もおいしさを実感できる

rat & sheep
ラット＆シープ

MAP 付録P.13 E-3　　［レストラン］

郷土料理でありながら、地元の人でも好き嫌いの分かれるヤギ肉。それをおいしく食べてもらいたいと、豚肉との合い挽きにして調理するなど試行錯誤を繰り返した。ヤギ料理以外も、こだわりのメニューばかり。

☎098-963-6488
所浦添市港川2-13-9 #43　営11:30〜16:00、金・土曜は18:00〜24:00も営業　休日曜、祝日の月曜　交バス・港川下車、徒歩10分　P6台

自分好みのおいしさの
コーヒーに出会える

OKINAWA CERRADO COFFEE Beans Store
オキナワ セラード コーヒー ビーンズ ストア

MAP 付録P.13 E-3　　［カフェ］

一人一人と話して、その人の好みに合ったコーヒー豆を選んでくれる。豆を買った人には、淹れ方のアドバイスと、コーヒー1杯をサービス。飲むと、ほのかな甘みが感じられる。

1. 南国情緒たっぷりの店。隣の焙煎工場の香りが充満
2. 工場で焙煎したてのスペシャルティコーヒーが並ぶ
3. コーヒーの淹れ方を目の前で見せて、教えてくれる

所浦添市港川2-15-6 #28　営11:00〜18:30　休不定休　交バス・港川下車、徒歩10分　P4台

港川外人住宅のショップ＆カフェ

アメリカ西海岸の空気を感じる
美浜アメリカンビレッジ
みはまアメリカンビレッジ

OKINAWAトレンドと
エンターテインメントの発信地

アメリカ西海岸の雰囲気でデザインされたカラフルな街並みがかわいいスポット。オープンしてからお店が増え続け、今や沖縄の新たなトレンドを発信する場所に。ファッション、雑貨、グルメ、映画館、ライブハウス、美術館などのさまざまなエンターテインメント施設が揃い、昼夜を問わず遊べる空間として地元客からも観光客からも人気を集めている。

北谷 MAP 付録P.11 D-2
☎098-926-4455(北谷町観光情報センター) ⋈北谷町美浜 営店舗により異なる 交沖縄南ICから約5km Pあり(町営駐車場利用)

レッジ内には、観覧車や夕日の美しいビーチもある

Depot Island
デポ アイランド
デポアイランドビルA
MAP 付録P.11 D-2

沖縄ならではのリゾートファッションをテーマとしている。カジュアルウエアから雑貨まで幅広い品ぞろえを誇り、全身コーディネイトもできる。
☎098-926-3322 営10:00〜21:00 休無休

↑ミニカー2800円

↑インポートビキニは上下セットで9800円

↑テーマパークのような店構え

BLANC JUJU
ブラン ジュジュ
カンパーナ沖縄別館
MAP 付録P.11 D-2

沖縄の伝統的な手染めである紅型作家hisamiさんが提案するブランド。POPで可愛らしい作品が揃う。
☎098-926-1930 営11:00〜19:00 休火曜

↑シルク扇子3850円

↑おみやげにもよろこばれそう

レストラン
チュラティーダ
ザ・ビーチタワー沖縄
MAP 付録P.11 D-2

ビュッフェタイプのレストラン。ランチはカレーやヘルシーな料理が中心。ディナーは沖縄料理をはじめ、40種類以上の料理が並ぶ。
☎098-921-7719 営11:30〜14:30(14:00LO)ディナー18:00〜22:00(21:00LO) 休無休

↑ホテルオリジナルカレーと彩りヘルシーバイキング1980円

↑居心地のよいテラス席

AKARA GALLERY／
BOKUNEN ART
MUSEUM
アカラ ギャラリー／ボクネン アート ミュージアム
AKARA
MAP 付録P.11 D-2

版画家・名嘉睦稔氏の作品が見られる画廊と美術館。作家自身がデザインしたというユニークな形状の建物は、美浜のシンボル的な存在。
☎098-926-2764 営11:00〜20:00 休不定休

↑1階には絵画の商品が並ぶ

↑ひときわ大きな版画は大迫力

歩く・観る ●本島中部・東海岸

Have a substantial meal!
心躍るアメリカ家庭料理
THE ROSE GARDEN
ザ ローズ ガーデン
MAP 付録P.11 E-2 | レストラン

外国人客も多い、アメリカ家庭料理の店。手作りマフィンや、自社ガーデンの無農薬ハーブ使用のソーセージなど、こだわって作られた料理が人気。ブレックファストメニューは終日、ランチは11〜17時の間オーダーすることができる。

☎ 098-932-2800
所 北中城村屋宜原165-1
営 8:00〜20:00(LO19:30)
休 無休
交 バス・屋宜原下車、徒歩2分
P 20台

ノスタルジック&エキゾチックに
気分はアメリカ

現地で買い付けたレトロなアイテムにふれ、米国映画で見たようなインテリアのなかで食事。古き良きアメリカに、タイムトラベルする心地で。

アメリカ直輸入・直仕入れ
魅惑のアンティークショップ
CHICAGO ANTIQUES on ROUTE 58
シカゴ アンティークス オン ルート ごじゅうはち
MAP 付録P.13 F-1 | アンティーク

食器や鍋などのキッチン雑貨、ファッショングッズ、おもちゃ、文房具、家具など、時間をかけて集められた一点ものの品がぎっしりと並ぶ大型店。質の良さと、良心的な価格でも定評がある。

→ 国道58号沿いに建つ。驚くほど豊富な品揃え

☎ 098-898-8100
所 宜野湾市真志喜1-1-1
営 11:00〜19:00
休 無休
交 バス・真志喜下車、徒歩2分
P あり(近隣契約駐車場利用)

→ パールなどが装飾された、50年代のレアもの。プラスチックバッグ2万7500円

→ 花がモチーフの、ガラス製ネックレス。ガラスの色と風合いが愛らしい、60年代の品。7700円

→ ファイヤーキングコンコードマグ6600円(上)とジェダイマグ9900円(右)

↑ 人気朝食メニューのエッグベネディクト、コーヒー付き1430円

→ 希少価値が高い、70年代のバンカーズランプ。凝った装飾が素敵。4万2000円

→ オリジナルアイアンスツール2万円は、好みの高さでオーダー可能

→ 女の子の柄がかわいい、30年代のソーイングマシン3万5000円

自社工房でリペアした
アンティーク家具
PEARL.
パール
MAP 付録P.13 F-1 | アンティーク

アメリカのポートランドで買い付けたヴィンテージ&アンティーク家具を、新たに100年使い続けられるようにとの思いを込めてリペア。ミッドセンチュリースタイルのオリジナル商品も人気。

☎ 098-890-7551
所 宜野湾市大山4-2-6
営 10:00〜18:00
休 無休
交 バス・大山下車、徒歩5分
P なし

→ 日差しが明るい店内に、家具やランプが揃う。地下1階が工房

美浜アメリカンビレッジ

沖縄ドライブ

海上の道路と橋をつたって沖へ沖へと
海中道路を渡って島々へ

2つのグスク（城）を訪ね、海のパノラマが広がる海中道路で小島巡り。
神話に登場する素朴な集落やきれいなビーチに癒やされる。

海中道路を渡って平安座島へ

歩く・観る ●本島中部・東海岸

→ 日本100名城や世界遺産に登録された貴重な城

1 中城城跡
なかぐすくじょうあと
【世界遺産】
北中城 MAP 付録P.11 E-3

保存状態の良い琉球の名城

15世紀中頃の面影を残す城跡。3種類の石積みの方法で築かれた城壁や郭、門が見られる。 → P.101

2 中村家住宅
なかむらけじゅうたく
北中城 MAP 付録P.11 E-3

国の重要文化財指定の住宅

18世紀中頃の豪農の屋敷。石垣で囲まれ、母屋や離れ、家畜小屋などの建物が残り、往時の屋敷の構えを知ることができる。

☎098-935-3500
㊟北中城村大城106
㈱9:00〜17:30（入場は〜17:10） ㈹火曜
㈹500円 ㊚北中城ICから約3km ㊙25台

→ 典型的な戦前の屋敷。以前は竹茅葺きの屋根だった

3 勝連城跡
かつれんじょうあと
【世界遺産】
うるま MAP 付録P.6 C-4

眺めの良い13世紀の城

13世紀頃の築城とされ、弧を描く城壁が特徴。一の曲輪から海中道路や中城湾、久高島を望む。
→ P.101

→ 海を望む勝連半島の丘陵地に建つ。世界遺産となった沖縄の5城のひとつ

122

浜比嘉大橋

4 浜比嘉島
はまひがじま

うるま MAP 付録P.7 D-4

神話を生んだ素朴な集落

赤瓦屋根の家々や石垣の連なるのどかな小島。琉球神話ゆかりのスポットも点在している。

所 うるま市勝連浜・勝連比嘉
交 沖縄北ICから約19km

↑ 周囲7kmの起伏に富む小島。琉球の創世神アマミキヨが暮らしたと伝えられる

5 伊計島
いけいじま

うるま MAP 付録P.7 D-3

クリアな海でひと泳ぎ

宮城島と伊計大橋で結ばれた周囲約7kmの島。白砂と透明な海で人気の伊計ビーチがある。

所 うるま市与那城伊計 交 沖縄北ICから約27km

↑ 透明な海が自慢の伊計ビーチ。マリンスポーツが盛ん

立ち寄りスポット

海の駅 あやはし館
うみのえき あやはしかん

MAP 付録P.7 D-4

うるま市や地域の特産品が揃う。天ぷらがおいしい鮮魚直売店や沖縄そば店、パーラーなども併設。

☎ 098-978-8830
所 うるま市与那城屋平4
営 9:00〜18:00、はいさい食堂・海中茶屋10:30〜17:00
休 無休 交 沖縄北ICから約14km P 50台

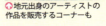
↑ 地元出身のアーティストの作品を販売するコーナーも

所要 ◆ 約2時間
おすすめドライブルート

那覇空港から北中城ICまでは沖縄自動車道経由で約24km、約40分。海中道路はまっすぐの片側2車線の道路で景色も良く、爽快にドライブできるが、スピードが出やすいので気をつけよう。また、ロードパーク以外は駐車厳禁。浜比嘉島の集落内は、狭い道も多いのでゆっくり走ろう。

北中城IC
きたなかぐすく

↓ 県道29号・146号
5km／10分

1 中城城跡
なかぐすくじょうあと

↓ 県道146号
650m／2分

2 中村家住宅
なかむらけじゅうたく

↓ 県道146号・81号・227号・85号・33号・16号
14km／28分

3 勝連城跡
かつれんじょうあと

↓ 県道16号・10号・238号
10km／13分

4 浜比嘉島
はまひがじま

↑ 平安座島と浜比嘉島を結ぶ、浜比嘉大橋

↓ 県道238号・10号
12km／20分

5 伊計島
いけいじま

↓ 県道10号・37号・36号
27km／45分

沖縄北IC
おきなわきた

海中道路を渡って島々へ

海や森が織りなす大自然のなかへ
本部半島・名護
もとぶはんとう・なご

沖縄本島の中でも、とりわけ自然が魅力的なエリア。ビーチが美しい周辺の小さな島々や人気の沖縄美ら海水族館も必見。

本部半島の個性的な島々
島めぐりドライブ

歩く・観る ● 本部半島・名護

山と海の自然に恵まれた本部半島。パイナップル畑や水族館を満喫したら小島へ渡り、ロマンティックな歴史神話の舞台へ。

◎世界遺産にも登録されている、北山国王の居城・今帰仁城跡

N 0 3km

東シナ海

伊江島 / 伊江港
備瀬のフクギ並木 **4**
備瀬崎
今帰仁城跡 **5**
P.69 エメラルドビーチ
沖縄美ら海水族館 **3**
水納ビーチ P.68
渡久地港
P.69 瀬底ビーチ
水納島 P.124
瀬底島 **2** 瀬底大橋
本部港
本部町
もとぶちょう
本部富士
八重岳 ▲
嘉津宇岳 ▲

1 ナゴパイナップルパーク
名護 MAP 付録P.5E-4
パイナップルのテーマパーク
自動運転のカートでパイナップル畑を見学。パインのお菓子やワインを試食・試飲しながらショッピングも楽しめる。沖縄グルメがそろうレストランなど施設が充実。
☎0980-53-3659 ㊊名護市為又1195 ⏰9:00～18:00（最終受付17:30）休無休 料1000円 🚗許田ICから約11km ℗200台

水納島
みんなじま
MAP 付録P.4 B-3
小さな島へ
三日月形をした周囲約4kmの小島。きれいな海でダイビングやビーチアクティビティが楽しめる。
☎0980-47-3641（もとぶ町観光協会）／0980-47-5179（水納海運）
㊊本部町・渡久地港から高速フェリーで15分
◎定期船で行ける

◎自動運転のパイナップル号に乗ってパイン畑を見学。雨の日でも濡れずに見学ができて便利
◎パイナップルワイナリー。パイナップルを使ったワインやジュースの試飲も楽しめる

◎瀬底ビーチは沖縄屈指の透明度

2 瀬底島
せそこじま
本部 MAP 付録P.4 C-3
天然のロングビーチが魅力
全長762mの瀬底大橋で半島と結ばれている。長い砂浜と抜群の透明度の瀬底ビーチが人気。
☎0980-47-3641（もとぶ町観光協会）
㊊本部町瀬底 🚗許田ICから約23km

↑各水槽の解説をするプログラムも充実
写真提供：国営沖縄記念公園(海洋博公園)・沖縄美ら海水族館

3 沖縄美ら海水族館
おきなわちゅらうみすいぞくかん
本部 MAP 付録P.4 C-2

世界有数のスケールの水族館

複数のマンタやジンベエザメが泳ぐ水槽「黒潮の海」や、カラフルな熱帯魚が泳ぐ水槽「熱帯魚の海」などで、沖縄の海の魅力を体感。イルカショーを無料で見られる館外施設も徒歩圏内。
→ P.61

4 備瀬のフクギ並木
びせのフクギなみき
本部 MAP 付録P.4 C-2

車を降りて緑の集落を散策

防風林の役目を持つフクギが集落を囲む。巨木がトンネルをつくる並木道を散策しよう。
☎0980-47-3641（もとぶ町観光協会）
所 本部町備瀬
交 許田ICから約29km

→樹齢300年以上の巨木もある。防風林のフクギが台風の強風から家を守る

5 今帰仁城跡 世界遺産
なきじんじょうせき
今帰仁 MAP 付録P.5 D-2

大規模な世界遺産の城

琉球統一前に本島北部を治めた王の居城。古期石灰岩を積み上げた長い城壁が、地形に沿って波打つように連なる。高台から東シナ海を望む。
→ P.101

↑築城は13世紀。1.5km続く城壁や郭跡が残る

6 古宇利島
こうりじま
古宇利島 MAP 付録P.5 F-2

恋の神話が残る

アダムとイブの話に似た琉球創世神話が残り、恋島とも呼ばれた。神話ゆかりの地やハート形の岩などの景勝地、ビーチもある。

↑屋我地島から古宇利大橋で行ける
☎0980-56-2256（今帰仁村経済課）
所 今帰仁村古宇利
交 許田ICから約24km

P.125 しらさ
古宇利オーシャンタワー
P.68 古宇利ビーチ
古宇利大橋
運天港
ワルミ大橋
屋我地島
羽地内海
奥武島
展望台 P.25
ナゴパイナップルパーク
名護大北トンネル
名護中央公園
▲名護岳
名護市
21世紀の森ビーチ
世冨慶IC
道の駅 許田 やんばる物産センター
START&GOAL
宜野座IC

立ち寄りスポット

しらさ
古宇利島 MAP 付録P.5 F-2
創業30年以上の老舗食堂。海を眺めながら食事を楽しめる。メニューも豊富。

↑海ぶどうたっぷりの海鮮丼 1800円
☎0980-51-5252
所 今帰仁村古宇利176
営 11:00〜18:00（10〜6月は〜16:00）
休 不定休
交 許田ICから約24km
P あり

所要◆約2時間10分
おすすめドライブルート

那覇空港から許田ICまでは沖縄自動車道で約72km、所要約1時間。許田ICから名護市内にかけては比較的交通量も多く、時間帯や日によっては渋滞になることも多いので、スケジュールに余裕をもっておこう。

許田IC
きょだ
↓ 国道58号、県道84号 13km／17分

1 ナゴパイナップルパーク
↓ 国道449号、県道172号 17km／20分

2 瀬底島
せそこじま
↓ 県道172号、国道449号、県道114号 8.2km／14分

3 沖縄美ら海水族館
おきなわちゅらうみすいぞくかん
↓ 県道114号 800m／3分

4 備瀬のフクギ並木
びせのフクギなみき
↓ 県道114号、国道505号、県道115号 7km／10分

5 今帰仁城跡
なきじんじょうせき
↓ 国道505号、県道248号・247号 15km／25分

6 古宇利島
こうりじま

↑古宇利島の風景
↓ 県道247号・110号、国道58号 24km／25分

許田IC
きょだ

島めぐりドライブ

やんばる

豊かな自然、珍しい動植物に出会う

沖縄本島の北部に広がる、やんばるエリア。亜熱帯の森林と本島最北端の岬でダイナミックな自然の息吹を感じたい。

ジャングルのダイナミズムを感じる
緑深い亜熱帯の森

↑ 隆起サンゴの荒々しい断崖が続く辺戸岬

手つかずの自然が生み出す絶景スポットを訪ねながら、沖縄本島最北の辺戸岬を目指して爽快ドライブ！

おすすめドライブルート
所要◆約2時間30分

那覇空港から許田ICまでは沖縄自動車道で約72km、所要約1時間。許田ICからは名護東道路を経由して国道58号をひたすら北上。大宜味村、国頭村ではヤンバルクイナやウミガメ、カニなど動物の飛び出しに注意！

- 許田IC きょだ
- ↓ 国道58号 55km／1時間5分
- **1** 茅打バンタ かやうちバンタ
- ↓ 1.3km／5分
- **2** 大石林山 だいせきりんざん
- ↓ 2.4km／5分
- **3** 辺戸岬 へどみさき
- ↓ 国道58号 55km／1時間10分
- 許田IC きょだ

1 茅打バンタ
かやうちバンタ
国頭 MAP 付録P.3 E-1

やんばる随一の景勝地
高さ80mの切り立った断崖。茅を投げ込んだら強風でバラバラに飛び散ったのが名の由来。
☎0980-41-2420（国頭村観光協会）
所 国頭村宜名真　許田ICから約52km　P 22台

↑ 眼下にサンゴ礁の海が広がる

2 大石林山
だいせきりんざん
国頭 MAP 付録P.3 E-1

やんばるの大自然を満喫
熱帯の森が広がり、奇岩の林立する熱帯カルスト台地に、4本の散策コースが整備されている。 ➡P.88

↑ 大石林山にある、日本最大級のガジュマル

3 辺戸岬
へどみさき
国頭 MAP 付録P.3 F-1

波しぶきが散る最北の地
本島最北端の岬。断崖に打ち寄せる荒波がダイナミック。晴れれば鹿児島の与論島が見える。
☎0980-43-0977（辺戸岬観光案内所）
所 国頭村辺戸　許田ICから約55km　P 47台

↑ 本土復帰祈願地に立つ祖国復帰闘争記念碑

GOURMET
Okinawa

食べる

異彩を放つ食文化も、
沖縄旅行の醍醐味のひとつ。
心のこもった家庭料理、
豪快なアメリカングルメ、
素朴な島おやつなど、
さまざまな「食」の店が揃う。
景色や雰囲気も楽しんで。

うちなー
生まれの味に
癒やされる

ソーミンチャンプルー
茹でたソーメンを豚肉などと炒めた家庭料理

ナーベラー味噌煮
ヘチマが含む自然の水分で具材を煮込んだ味噌煮

ゴーヤーチャンプルー
スライスしたゴーヤーを卵でとじた炒め物の定番

豆腐チャンプルー
島豆腐をメインに野菜や豚肉を一緒に炒めたもの

麩チャンプルー
卵に浸した車麩がふわふわした独特の食感を出す

食べる ● 沖縄ごはん

愛される沖縄の味
島 料 理 図 鑑

珍しい食材や調理法で作られた料理は、旅行者には新鮮なものばかり。初めて食べる味と食感を楽しんでみたい。

ニンジンしりしり
千切りにしたニンジンと卵を炒めたシンプルな料理

ヒラヤーチー
沖縄版チヂミ。上にのせる具材は店により異なる

豆腐よう
島豆腐を泡盛や麹に漬けて熟成させた発酵食品

ジーマミー豆腐
落花生で作った豆腐。もっちりした食感が特徴

アーサー汁
海藻のアーサーを入れたすまし汁。ほんのり塩味

てびち煮込み
コラーゲンたっぷりの豚足（てびち）の煮込み

ラフテー
豚肉の角煮。三枚肉を泡盛や醤油で甘辛く味付け

中味汁
豚の小腸や胃などの中味（内臓）を具にした汁もの

ミミガー
豚耳で作った料理。軟骨がコリコリした歯ごたえ

イナムドゥチ
こんにゃくや豚肉を甘い白味噌仕立てにした汁もの

山羊汁
山羊肉が入った汁もの。県民でも好き嫌いが二分

もずく酢
体に良いといわれる新鮮な県産もずくを三杯酢で

グルクンの唐揚げ
沖縄の県魚グルクンを揚げた沖縄料理

島料理図鑑

スクガラス豆腐
島豆腐の上に塩漬けされたアイゴの稚魚がのる

撮影協力

琉宴
りゅうえん

那覇 MAP 付録P.17 D-3
☎098-869-9245
⌂那覇市牧志1-3-61-B1 ⏰18:00〜翌2:00(LOフード翌1:00 ドリンク翌1:30) 休不定休 交ゆいレール・牧志駅から徒歩7分 Pなし

129

島魚

沖縄近海の魚には、驚くほど色鮮やかなものも。街なかの食堂や居酒屋で食べられる。

アバサー
和名、ハリセンボン。怒ると針を立てて膨らむ

ビタロー
フエダイ類の総称。上品な旨みが人気の白身魚

グルクン
和名、タカサゴ。クセのない白身が美味。沖縄の県魚

ミーバイ
ハタ類の総称。小型から大型まで50種以上いる

タマン
和名、ハマフエフキ。5〜7kgになる大型高級魚

アカマチ
和名、ハマダイ。どんな料理にも合う高級深海魚

イラブチャー
和名、ブダイ。ひときわ目を引く真っ青な体が特徴

どれも一度は試してみたい
島の食材、島の味

沖縄の山の幸・海の幸は、ここでしか見られないものが多い。市場や道の駅を観光するときに、実物を探してみたい。

シャコ貝
刺身で食べるのが一般的。コリコリとした食感

島フルーツ

甘くて濃厚なものから、すっきりと酸味が強いものまで、南国の果物が揃う。

スターフルーツ
輪切りにすると星形をしている。ほのかに甘い

ドラゴンフルーツ
サボテンの実。さっぱりとした甘みと酸味が美味

シークヮーサー
沖縄を代表する柑橘類。レモンの代わりに使用

スナックパイン
スナックのように簡単にちぎれる。甘みが強い

パパイヤ
青い実は野菜、熟すとフルーツとして食される

島バナナ
甘みと酸味のバランスが絶妙。もっちりした食感

マンゴー
南国果実の王様。高い糖度と濃厚な甘さが人気

島野菜

独特の見た目と味が特徴。ミネラル、ビタミンといった栄養分も豊富に含まれている。

ゴーヤー
独特の苦みが特徴。沖縄を代表する島野菜

島カボチャ
沖縄在来種のカボチャ。粘質が強めで煮物向き

紅芋
鮮やかな紫色が美しい。ポリフェノールが豊富

青パパイヤ
果実ではなく野菜としての使用が沖縄では一般的

ウリズン豆
熱帯アジア原産。味というより歯ごたえを楽しむ

ターンム
田芋。上質な甘みを持ち、伝統料理に多用される

島ニンジン
耐暑性が強いニンジン。冬季限定で収穫量が少ない

島トウガラシ
辛み成分が強い。コーレーグースに入れて使う

ナーベーラー
食用ヘチマ。沖縄ではゴーヤーと並ぶ家庭野菜

ハンダマ
葉裏が美しい紫色。サラダやおひたしで食べる

島ラッキョウ
沖縄版エシャロット。ネギに似た強い辛みを持つ

島の食材、島の味

調味料

県名産の食材を使った調味料。料理の味付けやスパイスに、ご飯のお供に。

黒糖
サトウキビから作った黒砂糖。料理にコクが増す

シークヮーサー
レモンのような酸味があり、料理や飲み物に加える

あぐーあんだんすー
豚肉を加えた味付け味噌。おにぎりの具に人気

ヒバーチ
別名、島胡椒。シナモンに似た香りがする

こーれーぐす
泡盛に島トウガラシを漬け込んだ卓上調味料

ぬちまーす
ミネラル成分を豊富に含んだ海水から作られた塩

島とうがらし
島トウガラシの一味。沖縄そばや料理にお好みで

→ 炊き込みご飯の上に、野菜と錦糸卵を彩りよく盛り、出汁をかけたセーファン 594円

→ 根気よく練った田芋に豚肉、かまぼこ、椎茸を混ぜた伝統料理。ドゥルワカシー 594円

風情のある沖縄古民家で伝統料理と泡盛に酔いしれる

古酒と琉球料理 うりずん
くーすとりゅうきゅうりょうり うりずん

那覇 MAP 付録P.17 F-2

昭和47年(1972)の創業時から、いち早く全酒造所の泡盛を取り寄せるなど、泡盛の普及に力を入れてきた老舗。店名物のドゥル天をはじめ、手間ひまかけた琉球料理や家庭料理は、変わらない味にファンも多い。

☎098-885-2178
所 那覇市安里388-5
営 17:30〜24:00(LO23:00) 休 無休 交 ゆいレール・安里駅からすぐ
P なし

予約 望ましい
予算 Ⅾ 2500円〜

うりずん定食 3564円
ラフテー、ドゥル天、刺身、ジーマーミ豆腐、昆布イリチイ、中味の吸い物など全10品

→ ヘチマと島豆腐を白味噌で煮込む沖縄家庭料理の定番。ナーベーラーンブシー 594円

↑ 店専用の蔵で育てたうりずん特製古酒も提供
↑ 沖縄らしさ満点の空間。1階はテーブル席とカウンター、2階に畳間がある

華やかな御膳のおもてなし
琉球料理の正統を味わう

食べる ● 沖縄ごはん

ていねいに作られ、盛り付けられた郷土料理の数々。宮廷料理から家庭料理まで、多彩な味を存分に楽しみたい。

↑ 国際通りから入った道沿いにあり、アクセス環境も抜群。店内はカウンター、テーブル席、座敷があり、家族連れも安心

本土復帰前から愛される老舗で家庭の味を堪能

ゆうなんぎい

那覇 MAP 付録P.16 B-3

オープンから40年以上。趣のある店内には、開店当時の写真が飾られ、歴史の長さを感じさせる。料理の味と女将の人柄にファンも多く、夜は行列ができるほどの人気店。いろいろ食べたいという人は定食を注文するのがおすすめ。

☎098-867-3765
所 那覇市久茂地3-3-3
営 12:00〜15:00(LO) 17:30〜22:30(LO) 休 日曜、祝日 交 ゆいレール・県庁前駅から徒歩5分
P なし

予約 不可(18時までの入店で3卓のみ可)
予算 Ⓛ1000円〜 Ⓓ2000円〜

ゆうなんぎいA定食 3220円
ラフテー、ジーマーミ豆腐など全10品。ボリューム満点なのでシェアして食べてもOK

丹念に仕込まれた八重山会席で
生命力あふれる島食材に舌鼓

八重山料理 潭亭
やえやまりょうり たんてい

首里 MAP 付録P.18 C-1

代々伝わる八重山地方の行事料理を、独自の工夫と愛情を注いで現代に蘇らせた名店。季節ごとの島食材を酵素や甘酢などで漬け込んだ発酵料理や、上品な出汁で仕上げた彩飯など、滋味豊かな品々をコース仕立てで楽しめる。

☎098-884-6193
所 那覇市首里赤平町2-40-1
営 11:30～15:00 18:00～23:00(完全予約制)
休 月曜
交 ゆいレール・儀保駅／首里駅から徒歩8分
P 5台

予約	完全予約制（前日までに）
予算	L 5500円～ / D 1万1000円～

➡首里虎頭山の高台にあり、眼下に那覇の街が広がる

八重山会席(昼) 5500円
アダンやオオタニワタリなどの八重山野菜をふんだんに使用。特製がんもどきや落花生の吸い物など、ここだけの逸品が並ぶ

➡ゆったりとした空間でていねいなもてなしが受けられる。夜は六角形の琉球漆器・東道盆で提供するコースも

琉球料理の正統を味わう

➡閑静な住宅街にある一軒家。掘りごたつの座敷や離れもある

宮廷料理から家庭料理まで
沖縄の食文化に出会える店

首里いろは庭
しゅりいろはてい

首里 MAP 付録P.18 B-3

自宅を改装した店内には、庭の景色を楽しみながらくつろげる空間が広がっている。沖縄の素材にこだわった伝統的なうちなー料理の数々をお手ごろ料金で味わうことができ、シンプルながらも奥深い味わいが人気を集めている。

予約	望ましい
予算	L 1650円～ / D 2160円～

☎098-885-3666
所 那覇市首里金城町3-34-5
営 11:30～15:00(LO)18:00～22:00(LO21:00)
休 水曜(祝日の場合は営業)
交 ゆいレール・首里駅から車で8分
P 20台

守礼定食 3300円
イナムルチ(白味噌仕立ての沖縄風豚汁)やミミガー、ゆし豆腐など手作りの料理全18品

花笠定食 900円
てびちや大根などの煮付けは、まさにあんまーの味。汁もの・ご飯・小鉢は数種類から選べる

沖縄の「おふくろの味」いただきます

食べる｜沖縄ごはん

島んちゅの まあさん(おいしい)食堂

気取らない雰囲気と、良心的な料金が魅力の大衆食堂。あんまー(お母さん)の愛情こもった料理でお腹いっぱいに。

あんまー流のおもてなしで沖縄食堂の真髄を味わおう

花笠食堂
はながさしょくどう

那覇 MAP 付録P.17 D-3

安い・うまい・ボリューム満点の三拍子揃ったメニューとアイスティー飲み放題は、食べ盛りの学生も満足させたくて始めた花笠流のおもてなし。創業50年を超えた今もそのスタイルは健在だ。

☎ 098-866-6085
所 那覇市牧志3-2-48　営 11:00〜20:00(LO)
休 無休　交 ゆいレール・牧志駅から徒歩7分
P なし

⬆ 平和通りに入ってすぐ。沖縄食堂のパイオニア的な存在

"料理は心"だからねー。花笠の手作り料理を食べに来てください

予算 L/D 500円〜

てびち煮付け 650円
時間をかけて煮込んだてびち(豚足)と島豆腐、大根、米、沖縄そばがセットに

みそ汁 500円
島豆腐、ポーク、ニンジン、大根、卵、季節の野菜など、具だくさんのみそ汁。沖縄の赤味噌を使用

健康のためにも、お野菜を残さずいっぺーうさがみそーれ(たくさん召し上がれ)

※現在、メニューにお刺身の提供はありません(高良食堂)。

ぬくもりあふれる家庭の味で地元に愛され続けて40年余

高良食堂
たからしょくどう

那覇 MAP 付録P.14 B-3

1972年の本土復帰の日に開業し、現在は2代目夫婦で営む老舗。家族を思うように手作りした温かな味を受け継いでいる。400円の沖縄そばなど、財布にやさしい料金設定も人気の理由。

☎ 098-868-6532
所 那覇市若狭1-7-10　営 10:30〜20:30(LO)
休 不定休　交 ゆいレール・県庁前駅から徒歩12分　P 10台

予算 L/D 400円〜

⬆ 店内は家庭的な雰囲気。親子3代で通う常連客もいる

うちなーんちゅの胃袋をつかむ 味もボリュームも満点の料理
あやぐ食堂
あやぐしょくどう

首里 MAP 付録P.19 D-2

朝9時の開店から、ほとんど客が途切れることがない人気店。豊富なメニューのなかからぜひ味わいたいのは、驚きのボリュームで650円という「Cランチ」。手作りゆし豆腐もファンが多い。

☎098-885-6585
所 那覇市首里久場川町2-128-1
営 9:00～20:00(LO19:50)
休 水曜
交 ゆいレール・首里駅から徒歩3分 P 6台

↑テーブル席と座敷席があり、子ども連れも利用しやすい

予算 L D 550円～

沖縄家庭料理から魚料理や丼まで、80以上のメニューを揃えています！

Cランチ 650円
大きなチキン唐揚げが4つとハンバーグ、ソーセージ、玉子焼、サラダ、沖縄そばなどの9品

地域に愛され続ける うちなーんちゅの家庭料理
がじまる食堂
がじまるしょくどう

北谷 MAP 付録P.11 D-2

沖縄家庭料理の定食屋として38年もの間地域に愛されている店。そばだしをとったあとの豚の骨を、スープや野菜で煮込んだ「骨汁」がおすすめメニュー。

☎098-936-5968
所 北谷町上勢頭814-1 営 10:00～21:00(LO) 休 日曜 交 沖縄南ICから約2km P 17台

予算 L D 450円～

豆腐ンブサー 720円
だしがたっぷりしみ込んだふわふわの島豆腐に、ラフテーがのったボリューム満点の定食

↑大きな看板が目印。店内は広く、子ども連れでも安心できる座敷もある

骨汁には数に限りがありますが、ほかにも定食やチャンプルーなどもおすすめです！

骨汁 650円
一日分のだし骨から作っているので約30食の限定。11:30ぐらいには完売するのでお早めに

お客さんの笑顔が見たいと 店主が真心こめた島豆腐
海洋食堂
かいようしょくどう

豊見城 MAP 付録P.10 A-3

島豆腐専門店が営む食堂。無調整の島豆腐は、やわらかくなめらかでふわふわの食感が特徴。ここでしか食べられない逸品だ。ほかにも沖縄そばなど沖縄家庭料理メニューも豊富。

☎098-850-2443
所 豊見城市名嘉地192-10
営 9:00～19:30 休 日曜
交 バス・名嘉地下車、徒歩5分
P 5台

予算 L D 700円～

毎日早朝から夫婦で豆腐作りをしています。おいしい豆腐を食べにきてください

↑豆腐料理を目当てに、地元の常連客で賑わう。最近は観光客も多い

島んちゅのまあさん食堂

↑沖縄らしいのんびりした島時間が流れるお店。店主の自宅を改装してお店にした

太陽を浴びて育った栄養豊富な自然の恵み
島野菜が食べたい

独特の見た目、味わい、食感が楽しい沖縄の野菜。
たっぷり食べてエネルギーチャージを。

個性豊かな島野菜たちの香り、色、味をぜひ堪能してみてください

長寿の村に伝わる健康食材を島時間を感じる空間でいただく
笑味の店
えみのみせ

大宜味 MAP 付録P.3 D-3

村のおばぁたちが代々受け継いできた体にやさしい郷土料理を食べやすくアレンジ。店主・金城笑子さんの菜園で採れた季節折々の島野菜を中心に、素材を生かした料理が揃う。

☎0980-44-3220
所 大宜味村大兼久61 営 9:00～17:00(フード11:30～16:00LO) 休 火～木曜 交 許田ICから約28km P あり(10台)

予約 望ましい
予算 (L)1500円～

↑長寿膳2500円。やんばるの旬の味を堪能できる看板メニュー。季節により料理内容は若干異なる。要予約

体をリセットしてくれる
生命力あふれる島野菜

浮島ガーデン
うきしまガーデン

那覇 MAP 付録P.17 D-3

予約 望ましい
予算 L 1000円〜 / D 2700円〜

無農薬野菜やオーガニック食材を使用し、マクロビオティックの料理法をベースにしたメニューを提供。細胞ひとつひとつまで元気にしてくれそうな島野菜料理をご堪能あれ。

☎ 098-943-2100
所 那覇市松尾2-12-3
営 11:30〜16:00(LO)
休 無休
交 ゆいレール・県庁前駅から徒歩12分
P あり(契約駐車場利用)

島野菜とオーガニックワインを心ゆくまで楽しんでください

➡ 名物ベジタコライス1540円。島豆腐を肉そっくりに作り、自家製のサルサソースには島野菜がたっぷり

➡ お店のある浮島通りはおしゃれな店が多い。店内は古民家を利用した心地よい空間

島野菜が食べたい

丹精込めて育てた野菜を
手間ひまかけて調理

島やさい食堂
てぃーあんだ
しまやさいしょくどう てぃーあんだ

読谷 MAP 付録P.8 A-4

顔の見える農家から安全安心な野菜を仕入れ、旨みや甘みを引き出すためにていねいに下ごしらえをする。県産豚のラフテーや、いまいゆ(獲れたての新鮮な魚)なども人気。夕食は予約を。

☎ 098-956-0250
所 読谷村都屋448-1
営 11:30〜15:30(LO)
休 木曜
交 沖縄南ICから約15km
P 8台

予約 昼は不可(夜は要)
予算 L 1458円〜 / D 2376円〜

➡ 島野菜のおいしさをしみじみと感じる、あかばな定食1650円

➡ 都屋漁港のすぐ近くにある、のんびりとした集落にたたずむ一軒家

卵・乳製品は不使用。材料の希望に関しては事前に相談を

137

GOOD DAY BREAKY 680円
ベーコン、目玉焼、アボカド、サラダ、トーストのシンプルな定番朝食

↑外国人住宅をリノベーション。良い一日の始まりにふさわしいサーフムードの空間

素敵な朝活を叶えてくれる
おしゃれな外国人住宅カフェ

GOOD DAY COFFEE
グッディコーヒー

北谷 **MAP** 付録P.11 D-1

朝6時のオープンから多くの地元客が集う人気店。フードは、GOOD DAY BREAKYやフレンチトーストなど全6種類。こだわりのコーヒーは、オーストラリアの焙煎所から取り寄せた豆を使い、丁寧に淹れてくれる。

☎090-4470-1173
所 北谷町浜川178-1 S-289
営 6:00～15:00(LO14:30)
休 月曜 交 沖縄南ICから5km P あり(10台)

予約 可
予算 B L 1000円～

食べる●沖縄ごはん

多彩で魅力的な南国の朝食

沖縄の朝ごはん

ホテルの朝食ビュッフェとは異なる、地元の人が利用する食堂やカフェなどへ足を運んでみたい。沖縄ならではの朝食時間を。

無添加・天然醸造の
体にやさしい生きた味噌

味噌めしや まるたま
みそめしや まるたま

那覇 **MAP** 付録P.16 B-4

創業170年を誇る「玉那覇味噌醤油」の味噌を用い、多彩な料理で楽しませてくれる。手をかけて育てられた味噌は体にやさしく、まろやかな甘みが特徴。まずは味噌汁でそのおいしさを味わってみて。

☎098-831-7656
所 那覇市泉崎2-4-3 営 7:30～22:00(朝食は～10:00) 休 日曜、第2・4木曜 交 ゆいレール・県庁前駅/旭橋駅から徒歩8分 P なし

↑朝・昼・夜で趣の異なる味噌料理を提供

↑カウンター席もあり

予約 不可(ランチ以降は可)
予算 B 850円～
L 1000円～
D 2000円～

具だくさん味噌汁定食 900円
体に染み渡る味噌汁。紅豚、島豆腐、青菜、卵などが入り栄養満点

ハワイ×沖縄の朝食で
心ときめく一日の始まりを

C&C BREAKFAST OKINAWA
シー&シー ブレックファスト オキナワ

那覇 MAP 付録P.17 D-3

「旅先で食べるおいしい朝食」をコンセプトに、オリジナリティあふれるハワイアンメニューを提供。地元食材との新たな出会いや、独自のスパイスの配合や調理法で奏でる味のハーモニーを楽しんで。

☎098-927-9295
⌂那覇市松尾2-9-6 営9:00（土・日曜、祝日8:00）~15:00（LO14:00）休火曜 ゆいレール・牧志駅から徒歩8分 Ｐなし

予約 不可
予算 BL 800円～

↑北欧家具やファブリックを配した居心地のいい空間

↑公設市場近く。2020年2月末にアラハビーチ店もオープン

スフレパンケーキ 1540円
ふわふわ生地にリリコイソース、クリーム、フルーツを贅沢にトッピング

ゴーヤーの天ぷら 450円
ポーたまの豪華版。口の中に入れるとまるでゴーヤーチャンプルー！

愛情をギュッと込めた
うちな一定番の朝ごはん

ポーたま 牧志市場店
ぽーたままきしいちばてん

那覇 MAP 付録P.17 D-3

県民のソウルフード「ポーたま」の専門店。スタンダードはもちろん、さまざまな具材を組み合わせた多彩なメニューも魅力。アツアツふかふかの作りたてをぜひ食べてみて。

☎098-867-9550
⌂那覇市松尾2-8-35 営7:00~18:00 休水曜 ゆいレール・牧志駅/美栄橋駅から徒歩8分 Ｐなし

予約 可
予算 BLD 250円～

↑スタンダードのポーたま250円。精米したての米を使用

↑店舗近辺へのデリバリーサービスもあり

50品目がとれる薬膳朝食で
島野菜のパワーを体感する

沖縄第一ホテル
おきなわだいいちホテル

那覇 MAP 付録P.16 C-3

長命草やオオタニワタリといった薬草や伝統野菜などの沖縄食材のみで作られる薬膳朝食。生命力あふれる素材の味や食感を堪能しながら、体をリセットしよう。

☎098-867-3116
⌂那覇市牧志1-1-12 営朝食8:00~11:00（8:00・9:00・10:00の入替制、前日までに要予約）、夕食18:00~23:00（前日までに要予約）休不定休 ゆいレール・美栄橋駅から徒歩8分 Ｐ6台

予約 要
予算 BD 5500円～

↑趣ある庭を眺めながら食事が楽しめる

薬膳朝食 3300円
20余りの献立でわずか585kcal。沖縄の器に盛り付けられ彩りも美しい

沖縄の朝ごはん

なかむら家
なかむらや

那覇 MAP 付録P.16 C-3

ふらっと立ち寄りたくなる
アットホームな店

昔懐しい沖縄の風情が残る店内。大きなカウンターには新鮮な魚がズラリと並び目の前の魚も料理してくれるのがうれしい。地元の人も通う、一人でも気軽に入れる店。

☎098-861-8751
所 那覇市久茂地3-15-2 営17:00〜22:30(LO) 休日曜、祝日 交ゆいレール・県庁前駅から徒歩5分 P なし

予約	可(当日の状況による)
予算	D 3000円〜

↑沖縄を感じさせてくれるいい雰囲気

↑毎日仕入れる季節の新鮮な魚が並ぶ

↑人気の刺身盛(4〜5種類)770円、なかむら揚げ(かまぼこ)550円、ぐるくんのから揚げ700円〜は注文したい一品

店自慢のお酒と
つまみに舌鼓

うちなー居酒屋は

味まかせ けん家
あじまかせ けんや

那覇 MAP 付録P.16 B-2

おいしい料理を探求する
店主のこだわりを感じる

地元客で賑わうアットホームな居酒屋。チャンプルーやてびちなど定番の沖縄家庭料理を中心に、全国の食材を使った店主オリジナルの創作料理を日替わりで楽しめる。

☎098-862-2805
所 那覇市久茂地2-6-12 営17:00〜翌1:00(LO24:00) 休日曜 交ゆいレール・県庁前駅から徒歩5分 P なし

予約	要
予算	D 3500円〜

↑オフィス街の中、趣のある赤瓦が目印

↑焼きてびち「豚足」748円

↑ゆっくり座れる小上がり席。大人数の宴会にも対応可能

食べる●沖縄ごはん

▲ あぐー豚4種のしゃぶ鍋 2580円（1人前）

てぃーだむーん

那覇 **MAP** 付録P.17 D-3

那覇のまちぐゎーで あぐー豚料理を味わう

公設市場近くにあり、あぐー豚や石垣牛などの県産肉が味わえる。人気の豚しゃぶ鍋や自家製のベーコン、スーチカー、てびち煮付けを目当てに通うリピーターも多い。沖縄家庭料理もおすすめ。

☎ 098-943-0063
所 那覇市松尾2-11-71F 営 16:00（土・日曜、祝日9:30）～22:00 休 不定休 交 ゆいレール・美栄橋駅／牧志駅から徒歩10分 P なし

▲ てびちの煮付け 715円（上）、炙りスーチカー 660円（下）

→ カウンター席のほか、鍋料理をゆっくり楽しめるテーブル席もある。テラス席もおすすめ

予約 望ましい
予算
L 500円～
D 2000円～

おいしい夜の食事処

のんびりと過ごしたい沖縄の夜は、泡盛やビールでくつろげる街の居酒屋へ。島の食材を使った、味抜群の沖縄料理をお供に。

うちなー居酒屋はおいしい夜の食事処

予約 可
予算
D 3500円～

居酒屋 くめや
いざかやくめや

那覇 **MAP** 付録P.16 A-3

普通とはひと味違った 沖縄創作料理が食べられる

店内はレトロな雰囲気。いち押しは、テレビでも紹介されたというジーマミー豆腐。ピーナッツから作られる豆腐だが、お店独自の製法でもっちりとほかにはない不思議な食感に。

☎ 098-866-9433
所 那覇市久米2-11-26 営 15:00～24:00（LO23:00、ドリンクLO23:30）休 無休 交 ゆいレール・県庁前駅から徒歩7分 P なし

← しっとりと落ち着いた雰囲気のたたずまい

▲ 黒角酢豚980円（左）、ラフテー角煮1100円（中）、ジーマミー豆腐495円（右）

京彌
きょうや

予約 可
予算
D 2000円～

那覇 **MAP** 付録P.14 C-2

おかみさんの素朴な料理と 会話が心地いい空間

古民家のかわいらしい外観。小料理屋なのに、メニューには野菜が多いことで人気の店。沖縄ならではの素朴な味は長命草やハンダマ、黄色ニンジンなど県産の野菜をシンプルに味付けした料理が味わい深い。

☎ 098-867-6280
所 那覇市泊2-13-1 営 17:30～23:00（LO22:00）休 日曜、祝日 交 ゆいレール・美栄橋駅から徒歩15分 P なし

← 路地にふわりと現れる。雰囲気のいい店

▲ やさしい味わいの、2色のニンジンしりしり 660円

→ 気軽に立ち寄りたくなる。ひとりセット1650円

美しい歌声で魅了する
ネーネーズの華やかな舞台
ライブ&沖縄料理
ライブハウス島唄
ライブ&おきなわりょうり ライブハウスしまうた
那覇 **MAP** 付録P.16 C-3

ネーネーズをはじめ、初代ネーネーズの吉田康子さんや沖縄で活躍するさまざまなアーティストのライブを開催。入替制ではないので、沖縄料理や泡盛を味わいつつ、衣装や曲構成の違う3ステージを楽しもう。

☎ 098-863-6040
[所]那覇市牧志1-2-31 ハイサイおきなわビル3F [営]18:00〜22:30(ステージ19:00〜、20:10〜、21:20〜は入れ替えなし、LOフード21:20、ドリンク22:40) ※ライブスケジュールは要確認 [休]水曜 [料]2310円、小学〜高校生1155円、6歳以下無料 [交]ゆいレール・県庁前駅から徒歩10分 [P]なし

◆2020年で結成30周年を迎え、待望のメジャー復帰も果たしたネーネーズ

◆国際通りのほぼ中央という便利なロケーション

予約 望ましい
予算 [D]4000円〜

踊ろう、カチャーシー
沖縄の音楽に合わせて盛り上がる

沖縄の方言で「かき混ぜる」という意味の手踊りで、お祭りなどで老若男女が踊り、喜びを分かち合う。踊り方は、頭上に手をあげ、手首を返しながらかき混ぜるように左右に振り、足を音楽に合わせ踏み鳴らす。男性は手を握り、女性は手を開くのが一般的。

手首をくるっとまわす動きや、リズムのとりかたなど、慣れないうちは難しいが、まずは見よう見まねで大丈夫。気楽に踊ってみよう。音楽との一体感に大盛り上がり間違いなし。

両手を斜め下に下ろす　　手を下ろしたところで、手首をくるっと返す　　つぎは、反対側から両手を斜め下に下ろす　　同じく手を下ろしたところで、手首をくるっと返す

食べる ● 沖縄ごはん

歌や踊りで盛り上がる夜
民謡居酒屋&
ライブハウス

沖縄音楽の旋律や三線の音色に浸りつつ食事やお酒が楽しめる店へご案内。ワイワイと賑やかな店内で、楽しいひとときを過ごして。

南国の夜を盛り上げる
エネルギッシュなステージ
ライブ&居食屋
かなぐすく
ライブ&いしょくや かなぐすく
那覇 **MAP** 付録P.16 C-3

ここの魅力は、ステージと観客の距離が近いこと。夜ごと店内には、圧倒的な演奏と歌声が響き、フレンドリーな会話と笑いが飛び交い、最後は店中が一体となって盛り上がる。沖縄の魚介やアグー豚など、食材にこだわった料理も評判。

◆プロとして活躍する演者が日替わりで登場。民謡から島唄ポップスまで、幅広い曲が楽しめる

☎ 098-862-8876
[所]那覇市松尾1-3-1 エスプリコートビル2F [営]17:30〜24:00(ステージ19:30〜、20:30〜、22:00〜は入れ替えなし、LO23:00) [休]火曜 [料]ライブチャージ1100円 [交]ゆいレール・県庁前駅から徒歩3分 [P]なし

◆沖縄県庁前交差点・国際通り入口から歩いて約1分

予約 可
予算 [D]3500円〜

楽しみ方いろいろ、奥深い魅力に酔い心地。
泡盛を知る

沖縄県内には現在46の酒造所があり、その銘柄数は900以上。原料や製造法によって、味や香りに特徴が出やすい泡盛だから、あれこれ飲み比べて自分好みの味を見つけよう。

泡盛はタイ米を黒麹菌で仕込み、単式蒸留機で蒸留した沖縄県特産のお酒。独特の香りと味にファンも多い。度数は30度台が主流だが、最近は25度以下のマイルドな商品も増えている。また、比較的カロリーが低くヘルシーだと女性にも人気だ。泡盛の魅力はいろいろな楽しみ方ができること。水割りやロック、カクテルなど幅広い飲み方を試してみよう。また、3年以上の年月を経て、甘い香りと芳潤さが増した泡盛は古酒（くーす）と呼ばれ珍重される。基本的に泡盛は貯蔵すれば熟成するので、家庭でも簡単に古酒を育てることもできる。ぜひ、好みの銘柄を見つけて乾杯しよう。

600種以上の品揃えを誇る泡盛専門店のパイオニア
古酒家
くーすや

那覇 MAP 付録P.17 D-3

沖縄の全酒造所の泡盛が勢揃い。試飲コーナーもあり、泡盛に精通した泡盛マイスターも常駐。
☎098-863-9317　那覇市牧志1-3-62
⏰9:30～22:00　無休　ゆいレール・牧志駅から徒歩7分　Pなし

※2020年11月現在、臨時休業中。ネット販売のみで対応しています。

古酒家のスタッフに、おすすめの泡盛をうかがいました。

飲み心地が軽やか。初心者向け

青桜
ほのかに甘くやさしい香り。軽快でさっぱりとした飲み口で、初心者におすすめ。
神村酒造●720㎖、25度、1731円

首里城正殿
琉球の歴史と文化を象徴する、王国最大の木造建築物を名に冠する。樽香がほのかに香り、口当たりもマイルド。
まさひろ酒造●720㎖、25度、2200円

請福ビンテージ
100% 3年熟成古酒の贅沢な一本。古酒特有の豊かな香りがあり焼酎好きに人気。
請福酒造●720㎖、30度、1980円

まるだい
口当たりがよくやわらかい風味でやさしい味わいで泡盛を初めて飲む人にもおすすめ。
今帰仁酒造●720㎖、30度、3362円

味わいが穏やか　←　　　→　味わいが強く、華やか

熟成十年古酒　古都首里
芳醇でまろやかな10年古酒100％。高級感漂う外見を裏切らない贅沢な味わい。
瑞穂酒造●720㎖、40度、4180円

三年古酒　南光「光」
年に5000本しか生産しない希少酒。44度の古酒が織りなす濃厚だが爽快な後味。
神谷酒造所●720㎖、44度、3142円

琉球人行列絵巻　シェリー樽貯蔵
首里最古の蔵元瑞穂酒造より、シェリー樽にて熟成を経た原酒をブレンドした限定酒。
瑞穂酒造●720㎖、40度、6112円

古酒家
古酒の甘い香りが特徴的な10年古酒。まろやかな味わいとやわらかな喉ごし、心地よい余韻が長く続く。
今帰仁酒造●720㎖、35度、4400円

飲み心地が深く、上級者向け

民謡居酒屋＆ライブハウス／泡盛

沖縄そば名店案内
だしの効いたスープがしみる

小麦粉でできたもちっとした麺と、カツオや豚骨だしのスープがおいしい定番沖縄グルメ。各店自慢の味を食べ比べてみたい。

A 御殿山
うどぅんやま
首里 MAP 付録P.15 F-2

沖縄そばの原点に出会える伝統的空間
店は築150余年、赤瓦の琉球家屋。麺は胚芽入りと純麺の2種類。昔ながらの空間で、ゆったりと沖縄の文化を堪能できる。

☎098-885-5498
所 那覇市首里石嶺町1-121-2
営 11:30～15:30(LO)
休 月・火曜
交 ゆいレール・石嶺駅から徒歩5分 P 17台

B 麺処 てぃあんだー
めんどころ てぃあんだー
那覇 MAP 付録P.19 E-1

飽くなき探求が生んだ生麺とだし
「手間ひまかけた」という意味の店名のとおり、細部にまで愛情を感じる店。喉ごしのいい生麺と香り高いだしとの調和を楽しんで。

☎098-861-1152
所 那覇市天久1-6-10 フォーシーズンズコート1F
営 11:00～15:00(売り切れ次第終了)
休 月曜
交 ゆいレール・おもろまち駅から徒歩15分 P 20台(有料)

C 首里そば
しゅりそば
首里 MAP 付録P.18 C-3

"おいしい驚き"に出会える名店
沖縄一硬いと思われる麺と澄みきっただしが見事に調和。そばへの惜しみない愛情が織りなす名店の味を堪能したい。

☎098-884-0556
所 那覇市首里赤田町1-7
営 11:30～15:00(売り切れ次第終了)
休 木・日曜
交 ゆいレール・首里駅から徒歩5分 P 7台

D むつみ橋かどや
むつみばしかどや
那覇 MAP 付録P.17 D-2

60年余愛され続ける温かなそば
家庭的な温かさがあふれる店。3世代で通う地元客、「沖縄に来たらまずはここ」という著名人など根強いファンが多い。

☎098-868-6286
所 那覇市牧志1-3-49
営 11:30～18:00(売り切れ次第終了)
休 火曜、ほか不定休
交 ゆいレール・美栄橋駅から徒歩5分 P なし

食べる●沖縄ごはん

B そーきそば(中) 810円
豚足・カツオ・煮干しからとるだしは、魚介の旨みが効いている。まずは麺とだしの絡みを楽しんでほしいとソーキは別皿で提供

C 首里そば(中) 500円
かつての名店の味を伝承。澄んだだしは、奥行きのある味わいが体中にしみわたる。独特の食感の手打ち麺は、毎朝4時から仕込む

D ロースそば 500円
脂のないやわらかな豚の赤身がのったヘルシーな一品。営業中は火を落とさない白濁スープと相性のいい中太麺をシンプルに味わえる

A 胚芽そば(中) 780円
濁りのないだしが製麺を引き立てる

E 軟骨そば(中) 650円
細くてハリがある亀濱麺とのバランスを考えて調理されたこってりスープ。トロトロの軟骨ソーキがたっぷり

F スペシャルそば 800円
コシのある長めの細麺を製麺所に特注。ていねいにアクをとっただしは、あっさりしながら奥深い味わい。器も店主自らが焼いている

G 三枚肉そば(中) 700円
3日間かけて仕込んだ上品なだしとコシのある細麺、甘辛く煮込んだ肉が三位一体となり、どこか懐かしい味わい

H ソーキそば(大) 800円
澄んだスープが特徴 麺と絡むとしっかりと味がする。好みでフーチバー(よもぎ)も入れたい

沖縄そば名店案内

E 亀かめそば
かめかめそば
那覇 MAP 付録P.16 A-2

リクエストOK！ サービス精神旺盛な店
亀濱麺のおいしさを広めようと屋台から始め、人気とともに店も大きくなって現在の場所に移転。ふーちばーとネギ盛り放題！

☎098-869-5253
所那覇市若狭1-3-6 上江洲アパート1F 営10:30〜17:00(売り切れ次第終了) 休日曜 交ゆいレール・県庁前駅から徒歩13分 P5台

F そば処 すーまぬめぇ
そばどころ すーまぬめぇ
那覇 MAP 付録P.15 D-4

ていねいな仕事がうかがえる至福の一杯
住宅街の一角にある古民家そば店。料理人の店主が試行錯誤しながらたどり着いた味が好評で、連日多くの人が訪れる。

☎098-834-7428
所那覇市国場40-1 営11:00〜16:00(売り切れ次第終了) 休火・水曜 交バス・樋川下車、徒歩2分 P12台

G しむじょう
首里 MAP 付録P.15 E-2

ほっこり癒やされる島時間を堪能
古き良き沖縄を今に伝える国の登録有形文化財の建物で、評判の沖縄そばがゆったり堪能できる。庭の美しい緑にも心癒やされる。

☎098-884-1933
所那覇市首里末吉町2-124-1 営11:00〜15:00(売り切れ次第終了) 休火・水曜 交ゆいレール・市立病院前駅から徒歩7分 P20台

H そば処 玉家
そばどころ たまや
南城 MAP 付録P.10 B-3

総合バランスのとれた懐かしの沖縄そば
スープ・麺・具材のバランスの良さを重視して作られたそば。さっぱりだが食べ応えのある昔ながらの沖縄そば。

☎098-944-6886
所南城市大里古堅913-1 営10:45〜18:00(LO) 休無休 交バス・島袋下車、徒歩3分 P約25台
※2020年11月現在、一時休業中

145

名護から本部へ続く「おいしい山道」
本部そば街道

名護市と本部町を結ぶ県道84号は、沖縄そば店激戦区。数ある名店のなかから、おすすめ6軒をご紹介。

岸本そば(大) 750円
ほわりと立ちのぼるカツオだしと麺の旨みが一体となり、感動するほどのおいしさ

自家製麺木灰そばの名店中の名店
木灰沖縄そば きしもと食堂
もくはいおきなわそば きしもとしょくどう
本部 MAP 付録P.5 D-3

創業110年余、4代目が味を継ぐ。昔と変わらず、薪で湯を沸かし、灰を天然かん水にして作る麺は、コシと旨みが最強。支店あり。

☎ 0980-47-2887
所 本部町渡久地5 営 11:00〜17:30(LO) 売り切れ次第終了 休 水曜 交 許田ICから約24km P 13台

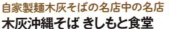

深い旨みのじゅーしー 300円

沖縄美ら海水族館
今帰仁城跡
本格炭火炙り沖縄そば 島豚家
手打ちそば きしもと食堂
木灰沖縄そば きしもと食堂
本部
手作り沖縄そばの店 つる屋
八重善
そば つる屋

おいしさに感動するご馳走そば
本格炭火炙り沖縄そば 島豚家
ほんかくすみびあぶりおきなわそば しまぶたや
本部 MAP 付録P.4 C-2

島豚はもちろん、自家製手打ち麺、あぐーだしやカツオ節のスープなど沖縄食材を贅沢に使用。沖縄そばの概念を覆すおいしさ。

☎ 0980-43-6799
所 本部町豊原479 営 11:00〜15:30(売り切れ次第終了) 休 木・日曜、祝日 交 許田ICから約29km P 22台

特製炙り島豚そば 1100円
あっさりスープともちもち麺が絶品。器からはみ出る炙り島豚は箸で簡単に切れるやわらかさ

ミックスそば 800円
朝3時から仕込みが始まる木灰を使った手打ち麺。三枚肉とソーキのおいしさも評判

足繁く通う常連で賑わう人気店
手作り沖縄そばの店 つる屋
てづくりおきなわそばのみせ つるや
本部 MAP 付録P.5 D-3

毎日通う地元客もいる、昔ながらの小さなそば屋。創業60年余り、親子でつないだ歴史ある手打ち麺とだしがおいしさの秘密。

☎ 0980-47-3063
所 本部町渡久地1-6 営 11:00〜15:00(売り切れ次第終了) 休 木・日曜 交 許田ICから約24km P あり(本部市場共同駐車場利用)

てびちそば 700円（小）
味がしみ込んだとろとろの豚てびちと野菜がたっぷり。栄養バランスもとれたメニュー

おしゃべり大好きよしこさんのそば
そば屋よしこ
そばやよしこ
本部 MAP 付録P.5 E-3

そばはもちろん、よしこ母ちゃんの明るいキャラも人気。豚骨と昆布、カツオでとったあっさりスープと細麺がよく合う。

☎ 0980-47-6232
所 本部町伊豆味2662　営 10:00〜17:00(LO16:00)
休 金曜　許田ICから約14km　P 10〜15台

自家畑の島野菜そば 750円
店の裏手の自家畑で育てた季節の野菜をふんだんに使用した一品。何度でも食べたくなる

自家栽培野菜たっぷり！自家製麺そば
沖縄伝統木灰自家製めんの店 むかしむかし
おきなわでんとうもくはいじかせいめんのみせ むかしむかし
名護 MAP 付録P.5 E-3

かまどから取った灰で作るかん水を使い、伝統的な製法で作る麺は、夏にはゴーヤー、冬には紅芋などが練り込まれ、新鮮な味わい。

☎ 0980-54-4605
所 名護市中山694-1　営 11:00〜17:00(売り切れ次第終了)　休 木曜(祝日の場合は営業)
許田ICから約12km　P 10台

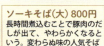

ソーキそば（大）800円
長時間煮込むことで豚肉のだしが出て、やわらかくなるという。変わらぬ味の人気そば

原点の旨み、ソーキそば発祥店
我部祖河食堂
がぶそかしょくどう
名護 MAP 付録P.5 F-3

もとは精肉鮮魚店。大量の豚肉を煮炊きして旨みを引き出しただしとソーキが評判となり、1966年からそば店として営業している。

☎ 0980-52-2888
所 名護市我部祖河177　営 10:00〜16:00(LO)　休 月曜
許田ICから約11km　P 20台

本部そば街道

お肉好きにはたまらない がっつりメニュー
ステーキ&島豚が おいしい島です

お肉をお腹いっぱい食べたい！という人には、アメリカ人の舌も満足させる老舗の絶品ステーキと上質なブランド豚肉のしゃぶしゃぶや焼肉がおすすめ。

食べる ● 沖縄ごはん

リピーターに愛され続ける
老舗のステーキハウス
ジャッキーステーキハウス

那覇 MAP 付録P.14 B-3

1953年の創業以来、変わらぬ味を守り続け、沖縄スタイルのステーキを味わえる老舗。ほかにもハンバーグやタコス、タコライスなどを用意。

◎レトロなメニュー看板が、店の歴史を感じさせる店内

☎098-868-2408
所 那覇市西1-7-3
営 11:00〜翌1:00(LO)
休 第2・4水曜
交 ゆいレール・旭橋駅から徒歩8分
P 12台

予約 不可
予算 LD 1700円〜

テンダーロインステーキ
2750円(200g)
上質なヒレを使用したやわらかく、脂身のない肉質

これも沖縄の食文化のひとつ
肉厚アメリカンステーキ
ステーキハウス88 国際通り店
ステーキハウス はちはちこくさいどおりてん

那覇 MAP 付録P.17 D-3

創業約42年になる老舗のステーキハウス。国際通りのほぼ中央に位置し、とても便利な場所。本格アメリカンステーキ20種類をベースに国産和牛や石垣牛、もとぶ牛など厳選した県産ブランド銘品が食べられる。

☎098-866-3760
所 那覇市牧志3-1-6 2F
営 11:00〜23:00(LO22:00)
休 無休
交 ゆいレール・牧志駅から徒歩5分
P あり(契約駐車場利用)

予約 要
予算 L 1430円〜
D 2750円〜

テンダーロインステーキ
2800円(Lサイズ)
厳選したオージービーフは驚くほどやわらかく上質。レアで焼き上げ、塩・胡椒でどうぞ

◎国際通りを見下ろす2階。店内はアメリカンな雰囲気

◎大きな牛の派手なネオン看板が目印。国際通りの中心地なので観光や買い物に便利

産地直送の石垣牛と県産和牛を最高の状態で

鉄板焼 さわふじ
てっぱんやき さわふじ

那覇 MAP 付録P.16 C-2

オーナー自らが産地で買い付けた厳選肉を、熟練した手さばきで鉄板で焼き上げる。冷凍肉は一切使用せず、肉本来の味が堪能できる。

☎098-860-8803
所 那覇市久茂地2-16-17 アーバンライフくもじ1F
営 17:30〜23:00(LO) 土・日曜12:00〜14:00(LO)
休 不定休
交 ゆいレール・美栄橋駅から徒歩3分
P なし

石垣牛＆厳選県産牛ステーキ食べ比べコース 8085円
石垣牛40g、県産牛40gのステーキと、やんばる豚ヒレ肉のソテー、海鮮焼きなどの鉄板焼

⇨カウンター席のほか、テーブル席や個室も完備

予約 望ましい
予算 D8800円〜

やんばるの大自然で育った極上の島豚を炭火でいただく

島豚七輪焼 満味
しまぶたしちりんやき まんみ

名護 MAP 付録P.5 F-4

アグーと黒豚を交配させたやんばる島豚は、ほんのり甘い脂身と歯切れのよい食感が特徴で炭火焼肉との相性抜群。鮮度の高いホルモン系部位も絶品。

☎0980-53-5383
所 名護市伊差川251
営 17:00〜23:00(LO フード22:00 ドリンク22:30)
休 火・水曜
交 許田ICから約10km
P 10台

予約 要
予算 D4000円〜

⇨沖縄の古民家を移築して建てられた店内。座敷席、テーブル席あり

肉の盛り合わせ 1650円〜
タレと塩に合う厳選部位が並ぶ。部位により厚さやカット方法を変えている(写真は3人前)

しゃぶしゃぶコース 3850円
肉以外にやんばるで採れた季節の野菜盛り、小鉢、煮物、雑炊などが付く(写真は2人前)

希少価値の高い在来島豚をしゃぶしゃぶで味わい尽くす

今帰仁アグー料理一式 長堂屋
なきじんアグーりょうりいっしき ながどうや

今帰仁 MAP 付録P.5 E-2

琉球在来の島豚・今帰仁アグーが持つ肉本来のおいしさを楽しめる。旨み成分を多く含み、強い甘みとさっぱりとした脂身が特徴の肉質をしゃぶしゃぶや七輪焼肉で味わう。

予約 望ましい
予算 D4000円〜

☎0980-56-4782
所 今帰仁村玉城710-1
営 17:00〜24:00(LO フード22:00 ドリンク23:00)
休 水曜
交 許田ICから約20km
P 10台

⇨落ち着いた雰囲気に統一された店内。週末は混むため予約がおすすめ
⇨かわいらしい木の看板が目印

ステーキ＆島豚がおいしい島です

ハンバーガー
HAMBURGER

沖縄のアメリカングルメ。ファストフードのほか、素材にこだわる贅沢バーガーも人気だ。

**ボリューミーなパティとバンズに大満足
お店のアメリカンな雰囲気もGood！**

ボリュームたっぷり絶品バーガー

↑アメリカンカジュアルな雰囲気に包まれた店内。屋上からは海を見渡すこともできる

Café Captain Kangaroo
カフェ キャプテン カンガルー
本部 MAP 付録P.4 C-3

沖縄バーガーの人気店。手ごねでていねいに作られたハンバーグからは肉汁があふれ、特製ソースが味を引き立てる。バンズもオーダーメイドとこだわる。ハンバーガーは全部で12種類を用意。

☎0980-43-7919
所 本部町崎本部930-1　営 11:00〜19:30
休 毎月最終水曜　交 許田ICから約18km　P 30台

スパーキーバーガー 1000円
牛肉100%のパティの上にクリスピーベーコンやフライドオニオンがのるイチ押しバーガー

GORDIE'S
ゴーディーズ
北谷 MAP 付録P.11 D-1

粗挽きの牛肉100%で作られたパテを炭火でジューシーに香ばしく焼く、シンプルだが贅沢なバーガーが人気を集めている。その日の朝から仕込まれるバンズまで、すべてが手作り。

☎098-926-0234
所 北谷町砂辺100　営 11:00〜21:30(LO21:00)　休 不定休　交 バス・砂辺下車、徒歩10分　P 8台

↑'50〜'60年代のアメリカンアンティークが並ぶ

ダブルバーガー コンボ 1200円
ジューシーで肉厚なパティが重なった見ても食べてもボリュームのあるアメリカンハンバーガー

これぞ本物のアメリカンバーガー

ToTo la Bebe Hamburger
トトラベベ ハンバーガー
本部 MAP 付録P.4 C-3

国産黒毛和牛や、沖縄のブランド牛・もとぶ牛を100%使用した極上パティが絶品。手作りバンズや寒緋桜で燻したベーコン、国産野菜など、使用する材料には強いこだわりがある。

☎0980-47-5400
所 本部町崎本部16　営 11:00〜15:00(LO)
休 木曜　交 許田ICから約20km　P 8台

↑小さな子ども連れでも安心して過ごせる

古民家風店内で味わうバーガー

スペシャルバーガー 1200円
手作りパティやバンズ、ベーコン、香りのよいソースが味わえる極上の逸品。ポテト&ドリンクSは500円

タコス&タコライス
TACOS & TACO-RICE

沖縄ではハードなトルティーヤのものが多い。タコライスはそれをアレンジした料理。

タコミート、チーズ、野菜がたっぷりのメキシコ料理は沖縄の名物グルメに

タコス(4ピース) 700円
手作りトルティーヤのパリパリとした食感と風味の豊かさ、ミートの旨みでやみつきになる

ジャンボタコチーズバーガー 400円
タコスのひき肉、チーズ、レタスなどが入ったビッグサイズバーガー

タコライス発祥店自慢の品が揃う

キングタコス普天間店
キングタコスふてんまてん
宜野湾 MAP 付録P.11 E-2

タコライス発祥店として知られるキングタコスは全島に7店舗ある。なかでも普天間店は、食味値の高いお米と削りたての新鮮なチーズ、フレッシュ野菜を使うなど細部にもこだわり、おいしいと評判。

☎098-892-0705
宜野湾市普天間1-24-6
11:00〜23:00
無休 バス・普天間下車、徒歩1分 P3台

↑ アメリカンな雰囲気も旅心をくすぐる。店前の自販機利用の場合のみ、ドリンクの持ち込みOK

タコライスチーズ野菜 700円
スパイシーなミート、新鮮なチーズと野菜、オリジナル無添加ソースがおいしい。ボリュームも満点

ジャンバルターコー
名護 MAP 付録P.12 C-3

通常ビーフで作ったタコスミートがのるが、ここでは県内でも珍しくローストチキンがメイン。スパイスの効いた鶏肉にピリ辛の特製チリソースをかけて食べるのが人気。

☎0980-53-4850
名護市東江4-1-14
14:00〜21:00(LO20:30)
日曜 許田ICから約7km
P2台

チキンとソースが人気の秘密

チキンチーズライス(M) 730円
ローストチキンとチーズの相性が抜群。ドリンクセット930円〜。テイクアウト可能

↑ タコスの本場、メキシコと南国が入り交じった雰囲気の店内

タコス(チキン)2ピース 500円
お店手作りのモッチリ食感が魅力のトルティーヤに具材をサンド。3ピース750円。肉はビーフも選べる

タコス専門店 SENOR TACO
タコスせんもんてん セニョール ターコ
沖縄市 MAP 付録P.11 E-2

気取らないシンプルなタコスを心がけているが、素材はひとつひとつていねいに作る。ブリートインチラーダやピクルスたっぷりのホットドッグも人気。外国人客も多い。

☎098-933-9694
沖縄市久保田3-1-6 プラザハウス1F
11:30〜22:00(LO21:30) 無休 バス・プラザハウス前下車すぐ Pあり(プラザハウス駐車場利用)

↑ 創業当時のままの雰囲気

マヨネーズタコライス(L) 605円
常連の人気アーティストからのリクエストで生まれたというメニュー

こだわらないのがこだわり

タコス(1ピース) 220円
サクサクもちもちの食感のトルティーヤに、ミートと甘辛ソースが絡む。すべて手作り

ハンバーガー タコス&タコライス

ぎぼまんじゅう

首里 MAP 付録P.19 D-1

終戦後から営む首里の銘菓店。名物は手のひらサイズの大きなまんじゅう。月桃の葉で包み、入園、入学、お寺参り、またおやつとして変わらぬ味を守り続けている。

☎098-884-1764
所 那覇市首里久場川町2-109-1
営 9:00～売り切れ次第終了
休 日曜 交 ゆいレール・首里駅から徒歩10分 P 3～4台

↑創業者である母の味を継ぎ、現在は娘さんが2代目として店を営んでいる

のまんじゅう 160円
食紅で大きく「の」の字が書かれた「のまんじゅう」（きぼまんじゅう）

タンナファクルー 300円
伊平屋島産の黒糖を使用。うちなーんちゅの庶民のおやつ（丸玉直売店）

お祝い事には欠かせない首里名物

丸玉直売店
まるたまちょくばいてん

那覇 MAP 付録P.17 D-2

沖縄の伝統菓子として表彰されるなど、100年以上も変わらぬ製法で作り続けている。原料は沖縄県産（伊平屋）の黒糖のほか、小麦粉と鶏卵のみ。生地のしっとりした食感や、ほどよい甘みが楽しめる。

☎098-867-2567
所 那覇市牧志1-3-35 営 11:00～19:00（売り切れ次第閉店）
休 水・日曜 交 ゆいレール・美栄橋駅から徒歩3分 P なし

沖縄を代表する伝統的な手作り菓子

↑国際通り近くのお店には、毎日工場からできたての商品が届く

昔も今もやさしい味の島おやつ

食べると心がほっとする、素朴な味わいのお菓子が勢揃い。
黒糖や泡盛など沖縄ならではの材料を使用したものも。

松原屋製菓
まつばらやせいか

那覇 MAP 付録P.17 D-3

市場本通りに構える琉球菓子店。沖縄のお祝い事のときに食べるお菓子のほか、昔から県民が慣れ親しんできたお菓子を作り続けている。地元客と観光客でいつも賑わっている。

☎098-863-2744
所 那覇市松尾2-9-9
営 9:00～20:00 休 不定休
交 ゆいレール・美栄橋駅から徒歩8分 P なし

↑サーターアンダギーやポーポーなど色とりどりの琉球菓子が並ぶ

創業70年の店のサーターアンダギー

サーターアンダギー
350円（大）、70円（小）
黒糖、マンゴー、バナナ、紅芋などフレーバーは季節により異なる（松原屋製菓）

首里まんじゅう
180円（大）、120円（小）
ゆいレールの開通を記念して作られた名物まんじゅう（中村製菓）

光餅（くんぴん）
150円（大）、100円（小）
原料にこだわり、できあがった逸品。詰め合わせは、小10個入り1200円、小15個入り1800円（中村製菓）

中村製菓
なかむらせいか

首里 MAP 付録P.19 D-3

創業当時の味を受け継ぎ、進化し続ける琉球菓子店。原料にこだわり、ひとつひとつのお菓子をていねいに作り上げている。月桃の香りが漂う店内には、名物首里まんじゅうや光餅が並ぶ。

☎098-884-5901
所 那覇市首里鳥堀町1-24-1
営 9:00～20:00（日曜は～12:00）
休 無休 交 ゆいレール・首里駅から徒歩3分 P なし

職人が目指すのは県民に好まれる味

↑ゆいレール首里駅近くの店舗

SHOPPING
Okinawa

買う

おおらかな島の雰囲気を
表現したような焼物。
洗練されつつも温かみを
感じる雑貨たちに、ユニークな食文化が
垣間見える、おいしい味みやげ。
沖縄情緒を醸す品に、
旅の余韻を楽しむ。

沖縄民芸の
とっておきを
探す

おおらかでぬくもりあふれる沖縄の焼物
やちむんの里と読谷の工房めぐり

「やちむん」のこと
やちむん(焼物)と呼ばれる沖縄の陶器・陶芸。300年以上も昔の琉球王朝時代、中国や朝鮮、東南アジア、日本などとの交易を行うなか、陶芸も色彩や形、技法などさまざまな影響を受け、沖縄独自に発展。力強くも美しい造形が魅力で、現在も多くの作家と作品が生まれている。

読谷村内は登り窯があるやちむんの里を擁するほか、陶芸家も多く点在して、創作活動を行っている。一度は訪れて、沖縄の伝統や文化、気質にふれてみたい。

やちむんの里
読谷 MAP 付録P.8 B-4

買う

A 常秀工房 ギャラリーうつわ家
つねひでこうぼう ギャラリーうつわや
読谷 MAP 付録P.8 B-4

伝統工芸の技法に独自性と使いやすさをプラス

ほわっと笑っているような作品だとファンが多い工房。重さや口当たりの反り返りなど、微細な部分にも使いやすさを大切にしたつくりもいい。

☎090-1179-8260 ㊟読谷村座喜味2748
⏰9:00(日曜10:00)～18:00 休不定休
🚗石川ICから約10km ㋐5台

A 四寸皿(1枚焼) 990円
伝統の柄・鉄絵菊唐草紋を常秀工房なりにアレンジ。サイズも豊富

A カップ&ソーサー 3850円
島袋常秀さんによる呉須蛸抜オリジナル。キュートな柄が愛らしく魅力的

B カップ&ソーサー
金城明光さんによるモダンな柄。おそろいのコーヒーメーカー1万円も

A ボタンアクセサリー 300円～
うつわ家スタッフによるやちむんアレンジ。見てるだけでわくわくする

B 読谷山焼共同直売店
よみたんざんやききょうどうちょくばいてん
読谷 MAP 付録P.8 B-4

たたずむだけで引き寄せられる秀逸な作品との出会いを楽しむ

金城明光、玉元輝政、山田真萬、大嶺實清、4窯元による共同売店。すべて一点ものなので、店内にたたずみ作品の気配を感じながら、一期一会の出会いを感じてほしいそう。

☎098-958-4468 ㊟読谷村座喜味2653-1
⏰10:00～17:00
休火・日曜 🚗石川ICから約10km
㋐10台

B 五寸皿
星か花か、空間から発せられる造形が楽しい山田真萬工房による皿

B 染付足付皿
踊るように描かれた柄がみずみずしく美しい。大嶺實清さんによる存在感のある皿

B フリーカップ 2640円～
玉元工房によるもので、泡盛やコーヒーでも、料理でも、何にでも合う

※掲載の商品に関しては取材時のもので、すでに取り扱いを終了している場合があります。

C 半月皿 2750〜3300円
形も色も柄も伝統のなかに斬新さ。與那原正守さんの遊び心感じる半月形の皿

C 長角皿 1650円
松田共司さんによる三彩という伝統柄の皿。柄の配置や形が穏やかでおおらか

C 四寸マカイ 1100円
松田米司さんによる碗。勢いと繊細さを備えた唐草模様は使うほど美しさにひきつけられる

C 高盃皿 2200円
宮城正享さんによる、別名アイスクリーム皿。高台の美しい形などに見惚れる

D 染付マカイ 2970円〜
白化粧の碗に菊紋をあしらった器。食卓などで美しい存在感を放ちそう

D 染付正方板皿 4400円
白化粧の凝った形の皿に、最も古い絵付けのひとつ、菊紋をあしらっている

D 多目的カップ 2640円
手のひらに心地よくおさまる大きさ。ドリンクや料理、使い方はいろいろ

E マグカップ 3080円
クールキュートなストライプ＆ドット柄。楽しさを目指して生まれたもの

E 角皿 2200円(小)
タイルをイメージしたシリーズ柄

C 読谷山焼北窯売店
よみたんざんやきたがまばいてん
読谷 MAP 付録P.8 B-4

4窯元による北窯の共同売店
伝統と斬新、両方を感じて

骨太な作品が多い宮城正享さん、つねに新しいデザインに挑戦する與那原正守さん、繊細な松田米司さん、おおらかなタッチの松田共司さんによるやちむんの里にある北窯の売店。

☎098-958-6488 ㊏読谷村座喜味2653-1
⏰9:30〜13:00 14:00〜17:30 ㊡不定休
🚗石川ICから約10km Ⓟ5台

D 陶器工房 壹
とうきこうぼう いち
読谷 MAP 付録P.8 A-4

沖縄の自然や風土、歴史にふれ
内から出づる造形を愛おしむ

沖縄の文化や風土を感じながら生まれる造形を大事にしたいという、壹岐幸二さんの陶房＆ギャラリー。美しい白化粧のほか時流に合わせたオブジェもあり、存在感がある。

☎098-958-1612 ㊏読谷村長浜925-2
⏰9:00〜18:00 ㊡日曜不定休
🚗石川ICから約11km Ⓟ5台

E 一翠窯
いっすいがま
読谷 MAP 付録P.8 A-4

ハッピーなモノづくりがテーマ
見て使って楽しくなるやちむん

土から生まれるやちむんが、暮らしを彩るおもしろさ。伝統を大事にしつつも自由にカッコカワイイ、楽しいを求めているという。縄文土器のように焼き締めた土鍋などもある。

☎098-958-0739 ㊏読谷村長浜18
⏰9:00〜17:00 ㊡無休
🚗石川ICから約11km Ⓟ3台

やちむんの里と読谷の工房めぐり

那覇の街なかにある、焼物の世界
那覇 MAP 付録P.17 E-3

壺屋（つぼや）やちむん通り

その昔、琉球王府の命で陶工の養成の地となり、「壺屋焼」を生んだ場所。焼物の店やおしゃれなカフェが並び、散策にぴったり。

買う

A ゆうちゅう（酒器） 3万3000円
小橋川卓史（清正陶器）作"希望の光"。第34回県工芸公募展にて奨励賞受賞

A 高台ぐい呑み 1個4950円
"希望の光"シリーズ。酒器とセットで

B 角皿 3850円
爽やかな青色で染付された菊文は縁起のいい文様

A マンタビアカップ 3300円
使うのが楽しくなりそうなキュートな表情のマンタ

B ポット 9900円
職人とデザイナーがコラボしたフラワーシリーズ

A ソーサー 3300円
夫婦の魚が彫られた伝統の赤絵

A ジンベエザメマグカップ 3300円
水族館の人気者「ジンベエザメ」はおみやげに人気

A 伝統を受け継ぎ技を磨いた壺屋焼

清正陶器
きよまさとうき
那覇 MAP 付録P.17 E-3

渋い朱色が特徴の清正陶器。赤絵の線彫魚紋の手法を受け継ぎながら、新たな作品を展開。九州・沖縄サミットの晩餐会の位置皿を制作した経歴も持つ。
☎098-862-3654
所 那覇市壺屋1-16-7
営 10:00〜18:30
休 不定休
交 ゆいレール・牧志駅から徒歩11分
P なし

B 毎日が心ときめく軽やかなデザインの器

guma guwa
グマ グヮァ
那覇 MAP 付録P.17 E-3

日常が楽しくなるシンプルでかわいらしい色柄の器や暮らしの道具を揃える店。女性の手にもなじみやすいように、軽さも考慮して作られている。
☎098-911-5361
所 那覇市壺屋1-16-21
営 10:00〜18:00
休 無休
交 ゆいレール・牧志駅から徒歩11分
P なし

C ほかでは出会えないやちむんと染織物

真南風まるかつ
まふぇーまるかつ
那覇 MAP 付録P.17 E-3

店主のセンスで集めた器は、自由な発想で使い方を楽しめそうな逸品揃い。紅型などの染織物も一見の価値あり。県内でも手に入りにくい作品が並ぶ。
☎098-869-5920
所 那覇市壺屋1-21-11
営 10:00〜18:00
休 無休
交 ゆいレール・牧志駅から徒歩11分
P なし

沖縄の焼物を知る
那覇市立壺屋焼物博物館
なはしりつつぼややきものはくぶつかん
那覇 MAP 付録P.17 E-3

壺屋焼をはじめとする沖縄の焼物文化をわかりやすく紹介。沖縄の焼物の歴史、壺屋焼の技法や制作工程がわかる常設展のほか、テーマを決めて実施する企画展も興味深いものが多い。

☎098-862-3761
所 那覇市壺屋1-9-32
営 10:00〜18:00(入館は〜17:30) 休 月曜(祝日の場合は開館) 料 350円 交 ゆいレール・牧志駅から徒歩10分 P なし

C ビアグラス 5500円
アートな色彩が印象的
(陶房 樋の龍/南城市)

C 四足フリーカップ
各1650円
湯呑みはもちろん料理の器としても(南陶窯・久場政一さん)

地図:
- 那覇市立壺屋焼物博物館 P.157
- 壺屋陶芸センター
- 茶屋すーじ小
- A 清正陶器
- B guma guwa
- 壺屋やちむん通り
- craft house Sprout P.162
- 真南風まるかつ
- 陶美館
- C うちなー茶屋 ぶくぶく
- 育陶園 壺屋焼 やちむん道場 P.157
- S kamany
- 新垣陶苑
- S 獅子陶
- ゆいレール 安里駅
- 壺屋

A コーヒーカップ&ソーサー
5500円
魚・波・唐草など、縁起のいい模様が彫られている

B マグカップ 3960円
おしゃれな蔦紋のマグカップはたっぷり入る容量もうれしい

C 紅型タペストリー
1万1500円
沖縄の風物をモチーフにした美しい紅型(具志紅型工房)

C 紅型テーブルランナー
5500円
ゴーヤーや蝶の柄を上品な色で染めた作品(具志紅型工房)

シーサー制作体験
自分の手で作る 家の守り神「シーサー」

壺屋の原風景が残る裏通りにある工房で、陶芸体験ができる。メニューは、沖縄の土を使ったシーサー作りやろくろでの器作りなど。ゆったりとした島時間のなか、心地いい土をさわっていると、創作意欲をかきたてられ思わず夢中に。

※「立シーサー作り」約1時間、3300円。焼き上がりまで約2カ月、発送別途1000円〜

育陶園 壺屋焼 やちむん道場
いくとうえん つぼややき やちむんどうじょう
那覇 MAP 付録P.17 E-3

☎098-863-8611 所 那覇市壺屋1-22-33
営 9:00〜17:30(体験受付10:00〜12:00 14:00〜16:00) 休 無休 交 ゆいレール・牧志駅から徒歩13分 P なし(近隣駐車場を利用)

ろくろ体験、絵付け体験も行っている

※2020年11月現在、新型コロナウイルスの影響で体験に関しては一時休業しています。

壺屋やちむん通り

作家たちが昔ながらの技を生かす
島の心を伝える
手仕事

沖縄が育んだ伝統工芸を生かして大切に作られた品々。手作りならではのぬくもりを感じるものばかり。

買う

↑自宅玄関やお店の入口にもおすすめの紅型染めウェルカム額布4300円

↑おみやげに喜ばれそうなポケットティッシュケース各950円（4種）

↑ハイビスカスなど4種類の柄が揃う紅型ポシェット2000円

Textile
紅型

独特の鮮やかな色彩が印象的な染物。型紙と顔料を使って色付けする。

本格的な紅型染め体験は、1500円～（30分～）

ポップで明るい色使いとかわいい絵柄が人気
紅型キジムナー工房
びんがたキジムナーこうぼう
名護 MAP 付録P.5 E-4

沖縄の自然や生物をモチーフにした柄が特徴の紅型作家・馬場由美子さんの工房兼ショップ。事前予約をすれば少人数限定で紅型染め体験も。

☎0980-54-0701 所名護市宇茂佐178 ⏰10:00～17:00 休不定休 交許田ICから約9km P3台

↑紅型は生地の表から筆で擦り込むようにして色付けしていく

↓赤瓦屋根がのどかな集落の中で目立つ。工房内にグッズが豊富に並ぶ

伝統工芸の紅型を使った手作り雑貨の店
TIDAMOON 長山びんがたカフェ ちゅふぁーら
ティダムーン ながやまびんがた カフェ ちゅふぁーら
南城 MAP 付録P.10 C-3

伝統工芸士である母・長山幸子さんのもと、姉妹で紅型を使った手作り雑貨を制作・販売。伝統を守る技法でポップな色合いに仕上げた品が並ぶ。

☎098-947-6158 所南城市佐敷手登根37 ⏰11:00～17:00（金・土曜は18:30～22:00もバー営業）休水・木曜 交バス・第二手登根下車、徒歩5分 P8台

↑ご主人自ら腕をふるう中国料理をメインとしたカフェも併設

↑干支マース袋各500円

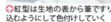

↑コースター550円～

↑ボトルバッグ2500円

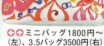
←↑ミニバッグ1800円～（左）、3.5バッグ3500円（右）

↑色鮮やかな紅型商品が並ぶグッズコーナー。オーダーメイドも可

再生ガラスから生まれる
ぽってりぬくもりガラス
glacitta'
グラチッタ
恩納 **MAP** 付録P.9 D-2

Glass
ガラス工芸

戦後、米軍が持ち込んだ色付きの瓶の
リサイクルで作られるようになった。
気泡や厚みも、デザインのうち。

昔ながらの琉球ガラスの技法
を用い、おおらかな形とほん
のり垢抜けない感じが魅力の
再生ガラスにこだわる。使い
込むほど愛着がわいてくる。
☎098-966-8240　所恩納村恩納
6347　営11:00～18:30頃　休不定
休　屋嘉ICから約4km
P2台

⬆粒がハミングしているよう
な泡つぶコップ(大)2090円

⬆窓辺やテーブルに泡雪
丸花器(大)3168円

⬆どんなシーンにも似合
う白泡グラス1430円

⬆工場からガラスを割る音も聞こえ
てくる工房＆ギャラリー

島の心を伝える手仕事

人にやさしくなじむ
ハンドメイドアクセサリー
cicafu metal works
チカフ メタル ワークス
首里 **MAP** 付録P.18 B-1

普遍的な美しさを持つ古典の
型を継承しながら、新たな感
性を吹き込んだ装身具。身に
つけた時間の経過とともに変
わる風合いも楽しみのひとつ。
☎098-955-3128　所那覇市首里儀
保町3-9　営12:00～18:00　休月
～金曜　ゆいレール・儀保駅から
徒歩1分　P1台

※新型コロナウイルスの影響で一時
休業中(2020年11月現在)

Metalwork
金工

いにしえからの想いが受け継がれた
金工は、温かみあふれる表情が魅力。

⬆それぞれの文様に大切な意
味が込められた「cicafuオリジ
ナル房指輪」4万4000円

⬆工房を兼ねた小さな
ギャラリーショップ

⬆金工作家の喜
舎場智子さん
と平澤尚子さ
んによるユ
ニット

➡「しんちゅうブ
ローチ」5500円～

159

買う

毎日を楽しくする器や雑貨に、セレクトショップで出会う

素敵なアートクラフトを探しに。

センスの良い店主が選んだ品々からは、きっと心ときめくものが見つかる。いつまでも大切に使って、見るたびに沖縄のことを思い出して。

Craft・Gift
ヤッチとムーン

クラフト・ギフト ヤッチとムーン
那覇 MAP 付録P.17 E-3

自分にぴったりの品と出会えるまるでクラフトの宝箱

店内に所狭しと並ぶのは、県内作家を中心とした器や雑貨類。沖縄の古民家をリノベーションし、まるでやちむんのテーマパークのようにディスプレイされている。伝統的なものから、ポップなデザインの作品までバリエーションも豊富。

☎098-988-9639
所那覇市壺屋1-21-9
営10:00〜18:30
休無休 交ゆいレール・牧志駅から徒歩11分
Pなし

➡高江洲陶磁器製作所・6寸皿 3280円。沖縄の伝統的な唐草模様を白抜きであしらったお皿

➡工房ことりの・彩りマグカップ 2960円。絵本の中の世界に出てきそうなやわらかい雰囲気が特徴のマグカップ

➡榮一工房・6寸皿 2960円。土・釉薬などの材料や焼きの方法まで細部にわたりこだわって作られた。力強い筆の動きが見どころ

➡長谷川杏子・りんか鉢 2300円。花をモチーフに作られたボウル。まろやかなフォルムと繊細な色合いが女子心をくすぐる

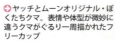

➡ヤッチとムーンオリジナル・ぼくたちクマ。表情や体型が微妙に違うクマがぐるり一周描かれたフリーカップ

➡宮城工房・3.5寸蓋物 4200円。薪窯で昔ながらの手法を守り作られている器

tituti
OKINAWAN CRAFT

ティトゥティ オキナワン クラフト

那覇 MAP 付録P.17 E-3

沖縄のぬくもりと彩りをまとった暮らしのなかで楽しむ工芸品

作り手と使い手をつなぐ場所として、陶芸・紅型・織物の分野で活躍する作家とともに、今の生活に合った工芸品を提案。伝統の技法を大切にしながらも、型にはまらず楽しんで創られた作品が、暮らしに沖縄の彩りを添えてくれる。

☎098-862-8184　営9:30〜17:30
所那覇市牧志3-6-37　休火曜　交ゆいレール・牧志駅から徒歩8分　Pなし

↑糸の染色からデザインまで手がけているロートン織の箱巾着5500円

↑気分も明るくなるコの字マグカップ3080円。軽くて持ちやすいのも◎

↑作家自身が楽しんで作っているという絵皿は、1枚ずつ柄が異なる。1枚3300円

↑沖縄の海の色を思わせるサンゴブルーシリーズの器。鮮やかな青が料理を引き立ててくれそう

↑紅型のがま口ポーチ5390円。裏には異なる色の紅型が配されている

↑沖縄の野花をモチーフに、独自の構図で表現した紅型のブックカバー。各3300円

素敵なアートクラフトを探しに。

↑色とりどりの作品が飾られた店内には、暮らしを豊かにしてくれるヒントがいっぱい。商品にまつわるエピソードを聞くのも楽しい

ten
テン
北中城 MAP 付録P.11 E-2

等身大のモノづくりをする作家人の気配に惚れ込んだ作品たち

その人らしさがあふれるニュアンスのある作品に食指を動かされ、ジャンルを問わずにオーナー夫妻が大好きなものをセレクト。県内外、雑貨や服飾、工芸品などど洗練されたものが並ぶ。一点ごとにその作品の物語を想像したくなる。

☎098-960-6832　所北中城村島袋1497
営12:00〜16:00　休月〜水曜
交バス・イオンモール沖縄ライカム下車、徒歩10分　P5台

◐繊細なガラスの美に芯の強さまで感じる「おおやぶみよ」さんのワイングラス。影までが美しい

◐彫刻家ユニット与太郎の木べら3996円とカットボード7800円。器としての利用もいい

出会いの瞬間の直感から、大好きなものばかりです

◐独特の世界観を醸す増田良平さんの蓋物6210円。食卓が楽しくなりそう！

◐山田義力さんの急須1万6200円。沖縄とモダンのバランスに心奪われる。オブジェにも

◐のびのび楽しい作品を生み出す香月舎の泡盛カップ4320円

◐外国人住宅の1フロアを開放したノーブルな雰囲気のギャラリー

---

craft house Sprout
クラフト ハウス スプラウト
那覇 MAP 付録P.17 E-3

使う人を癒やしてくれる沖縄生まれの温かなもの

やちむんの街・壺屋にあるセレクトショップ。ベテランによる伝統的な作品と若手作家による感性豊かな作品が一緒に並び、沖縄の陶器が持つ温かな魅力にふれることができる。染織物やガラス、木工なども揃える。

☎098-863-6646
所那覇市壺屋1-17-3　営10:00〜19:00
（水曜は〜18:00）　休火曜　交ゆいレール・牧志駅から徒歩11分　Pなし

◐普段使いしやすいナチュラルな色合いのやちむんが豊富に揃う

◐ペアで揃えたい濃いブルーと水玉のマグカップ。各2500円（工房ことりの）

◐紅型の壺屋ねこストラップ1980円（紅型工房ひがしや）

◐土のぬくもりを感じるシンプルなプレート（宮城陶器）

沖縄の温かい空気感が伝わるものをセレクトしてます

買う

GARB DOMINGO
ガーブ ドミンゴ
那覇 MAP 付録P.17 D-3

ガーブおじさんが集めた
日常のごほうびをおみやげに

いつもの日常を上質にしてくれるGARBセレクトの素敵なものたち。店内は、作家の手によりていねいに作られた工芸品をはじめ、機能美を併せ持つ世界各国の雑貨や食品などがセンスよく飾られ、暮らしを楽しむヒントがいっぱい。
☎098-988-0244
所那覇市壺屋1-6-3 営9:30〜13:00 14:00〜18:00（予約にて営業時間外も可能）休水・木曜 交ゆいレール・牧志駅から徒歩12分 Ｐなし

↑まるで絵画から抜け出したかのような美しいフォルムと質感が特徴。灰釉カップ(左)2750円、灰釉ポット(右)1万5400円(岩田智子さん)

↑世間をアッと驚かせる作品を数々発表し続ける新進気鋭の陶芸家。GAPカップ3300円(今村能章さん)

↑大胆かつ繊細な筆使いで描く伝統的な植物の柄は、北欧食器とも相性抜群。カフェオレボウル2750円(真喜屋修さん)

↑ヴェネツィアンガラスを学び、琉球ガラスとはひと味違う独自の世界を探求する若手作家のマーブルグラス。各5940円(比嘉奈津子さん)

↑ヴィヴィッドなオキナワンカラーの器が人気。色のパイオニア的存在。平皿1870円(金城有美子さん)

ガーブおじさんが素敵な休日の過ごし方を提案します

素敵なアートクラフトを探しに。

feliz
フェリース
浦添 MAP 付録P.13 D-4

かわいいものが大好きな女性が
欲しくなるセレクトアイテム

沖縄のクリエイターが手がけたかわいい雑貨や文具、三線を扱う店。人気イラストレーターが沖縄らしいデザインを取り入れて描いたおきなわマトリョーシカは、全国から買いに来る人がいるほどの人気アイテムだ。
☎098-879-5221 所浦添市宮城4-20-11 営13:00〜20:00 休日曜 交バス・第一仲西下車、徒歩10分 Ｐなし

↑一体一体手作り。沖縄らしいモチーフを手書きで描いた「琉球かふう人形」各2200円

どんどんアイテムも増やしていきます！

↑人気の紅型作家comomoの樹の紅型ワッペンをモチーフにしたトートバッグ1540円

↑沖縄の守神、シーサーのマトリョーシカ。石敢當の中にはマース(塩)がお守りとして入っている。1万2100円

沖縄ならではの素材をぎゅっと詰め込んだ
とっておきスキンケアグッズ

材料や作り方にもこだわりたっぷりのお肌のお手入れグッズ。
買って楽しい、もらってうれしいキュートな5店をご紹介。

沖縄の天然素材のパワーで美肌に導くリゾートコスメ
Ryu Spa 北谷店
リュウ スパ ちゃたんてん
那覇 **MAP** 付録P.11 D-2

沖縄の天然素材が持つ自然治癒力や美肌エキスに着目し、素材の研究から商品開発、製造、販売まで手がけているコスメブランド。すべての化粧品のベースとなる水は、ミネラルが豊富な久米島海洋深層水を使用。肌の状態に合わせて選べる多彩な商品を揃える。

☎098-923-1417 ㊟那覇市北谷町美浜34-3 デポセントラルビル1F ⏰11:00～20:00 ㊡不定休 🚗沖縄南ICから約5km Ⓟあり（デポアイランド駐車場）

↑使用感や香りを試しながらセレクトできる。ボタニカルシリーズ全種類が手に入るのは北谷店のみ

↑クチャ海藻パック120g 2640円。毛穴の40分の1という粒子の細かいクチャで、肌に潤いを与える沖縄もずくや海藻エキスを配合したクレンジングパック

↑ミストローション 100ml 1980円。持ち歩きに便利なスプレータイプ（全4種類）。海ぶどうローションには、注目成分の久米島産海ぶどう（クビレヅタエキス）を使用

↑月桃ローション 120ml 1980円。抗菌作用や保湿効果で注目されている月桃やヒアルロン酸などを配合した保湿化粧水。鎮静効果もあるので日焼けしたお肌にも

↑黒のフェイスウォッシュ 110g 1980円。炭とクチャのパワーで毛穴の汚れや過剰な皮脂もすっきり！

↑フェイスマスク1枚330円。天然素材それぞれのパワーを体感できるシートマスク

↑フェイス&ボディソープ 1個1320円 海ぶどう、シークヮーサー、アセロラ、アロエから使用感で選べる4種のラインナップ。ヒアルロン酸配合でやわらかな素肌に

ハチミツの力に着目する沖縄発スキンケアコスメ
FROMO
フローモ
嘉手納 **MAP** 付録P.11 D-1

自社の養蜂園で採れたハチミツを使用したコスメが人気で、保湿効果もバツグン。北谷アメリカンビレッジ周辺に姉妹店も構える。

☎098-956-2324 ㊟嘉手納町水釜476 ⏰11:00～18:00 ㊡月～水曜 🚗沖縄南ICから約9km Ⓟ4台

↑肌荒れを防いでくれる月桃ハーブ水とハチミツの化粧水 3080円

↑クチャ石鹸 1540円はレモングラスが香るすっきりとした使い心地

↑リラックスフィットUVプロテクション 1980円

↑ショップ兼工房は外国人住宅をリノベーション（上）海に隣接した店でゆったりと買い物を楽しめる（下）

ナチュラル素材がうれしい
ハンドメイドコスメたち
チュフディナチュール

那覇 MAP 付録P.19 E-1

「沖縄の5つの恵み」をコンセプトに、沖縄の植物や果実などをふんだんに使った化粧品が人気。なかでも手作り石鹸は常時30種類以上を揃える。
☎098-861-8900（グローバルボタニクス）
所 那覇市安謝2-2-1 営 9:00（土・日曜、祝日11:00）〜17:00 休 無休 交 バス・天久一丁目下車、徒歩1分 P 2台

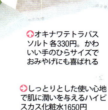
↑オキナワテトラバスソルト各330円。かわいい手のひらサイズでおみやげにも喜ばれる

↑手作り石鹸各440円〜。沖縄の果物タンカン（左）やアセロラ（右）のエキスが入ったものなど肌質に合わせて選べる

↑クチャをパウダー状にした沖縄の海泥パック275円。全身に使える

↑しっとりとした使い心地で肌に潤いを与えるハイビスカス化粧水1650円

↑白を基調とした店内で色とりどりの石鹸を販売（上）植物に囲まれた外観はマイナスイオンもたっぷり（下）

潤いも香りにもこだわる
手作り石鹸専門店
La Cucina SOAP BOUTIQUE
ラクッチーナ ソープ ブティック

那覇 MAP 付録P.16 C-3

沖縄県内に3店舗を構える実力派。石鹸の香りには世界中から取り寄せた精油を使用しており、リフレッシュ効果も高い。
☎098-988-8413 所 那覇市松尾2-5-31-1F
営 12:00〜20:00 休 水・日曜 交 ゆいレール・県庁前駅から徒歩10分 P なし

↑店内はラグジュアリーな雰囲気で気分も上がる

↑ホホバオイル配合のリラックスバーム各1320円

↑パッケージもキュートな月桃とクチャの石鹸2200円

↑ミニサイズの石鹸を集めたトラベルソープセット1210円。旅先の使用に最適

肌だけでなく環境にもやさしい
自然派グッズが魅力
Island Aroma OKINAWA
アイランドアロマ オキナワ

南城 MAP 付録P.10 C-3

月桃など沖縄の天然素材を生かしたアロマグッズや石鹸などを販売。沖縄の聖地・斎場御嶽をイメージした商品やハーブティーも好評。
☎098-948-3960 所 南城市知念吉富42
営 10:00〜18:00 休 日曜、祝日 交 南風原南ICから約16km P 8台

↑工房も併設しており作りたての商品が並ぶ

↑南城市特産のバタフライピーを使用したノンカフェインハーブティー756円

↑乾燥した肌に潤いを与える斎場御嶽石鹸1430円

↑斎場御嶽ブレンドエッセンシャルオイル1100円

とっておきスキンケアグッズ

バラマキにぴったり。沖縄らしさがいっぱいのご当地食材をゲット

スーパー&コンビニで探す
おいしいおみやげ

沖縄の普段の味を手軽に手に入れるなら、地元の人御用達のスーパーやコンビニへ。調味料やレトルトなど実にいろいろな食材が並んでいて、見ているだけでも楽しい。

ポークランチョンミート
沖縄でチャンプルー料理には欠かせない具材のひとつ、ポーク(スパム)のプラスチックケース版

じゅーしぃの素
沖縄で食べたじゅーしぃの味を家庭で手軽に再現できる

タコライス
沖縄のソウルフードであるタコライスをおいしく簡単に作れると人気

沖縄そば 5食パック
カツオ昆布だしが効いたスープともちもち麺が絶品のインスタント沖縄そば

ミニコンビーフハッシュ
コンビーフにポテトがブレンドされたチャンプルー料理の必需品

さんぴん花茶
沖縄ではポピュラーなお茶。さっぱりした滋味とジャスミンの上品な香りが夏場に合う

三枚肉煮付
手間いらずで本場の味が堪能できる。とろける脂身と旨みがしみ込んだ赤身が食欲をそそる

麩くらむ 圧縮麩
麩チャンプルーに必要な車麩をコンパクトに圧縮。切りやすいうえに保管場所もとらない

おすすめのスーパーはこちら

サンエー 那覇メインプレイス
那覇 MAP 付録P.19 F-2
ファッションや雑貨のショップ、映画館などが入ったショッピングセンターの中にある。(サンエーの食品販売店舗は那覇で全13店、沖縄本島で全61店)
☎098-951-3300 ⌂那覇市おもろまち4-4-9
⏰9:00〜23:00 休無休 ゆいレール・おもろまち駅から徒歩7分 P2450台

タウンプラザかねひで にしのまち市場
那覇 MAP 付録P.14 B-3
那覇空港に近く、国際通りからも歩いて15分ほど。観光客向けに、県産品を豊富に取り揃えている。(かねひでの食品販売店舗は那覇で全10店、沖縄本島で全58店)
☎098-863-4500 ⌂那覇市西3-3-4 ⏰9:00〜翌1:00 休無休 ゆいレール・旭橋駅から徒歩13分 P100台

※掲載商品は上記のスーパーで取り扱いがない場合があります。

TRANSPORTATION
Okinawa

アクセスと島内交通

沖縄では、鉄道は那覇市内を運行するモノレールのみ。スムーズに移動するノウハウをあらかじめ心得ておきたい。

島内を自由に巡るために知っておきたい

沖縄への旅は、那覇空港から。日本各地から便がある

沖縄へのアクセス

長距離フェリーもあるが、沖縄へのアクセスは飛行機が基本。全国から那覇空港へ直行便が出ている。
空港から、市街地やホテルへアクセスする方法もしっかりチェックしておきたい。

アクセスと島内交通

● 各地からの航空便

広島　広島空港
1日1便　所要2時間
ANA　3万4500〜4万2700円

福岡　福岡空港
1日21便　所要1時間45分
ANA　3万1000〜3万7200円
JTA　3万1500〜3万3800円
SKY　1万9900〜2万5400円
APJ　4090〜2万9300円

熊本　熊本空港
1日1便　所要1時間40分
ANA　2万9400〜3万6700円

長崎　長崎空港
1日1便　所要1時間40分
ANA　2万9800〜3万7400円

宮崎　宮崎空港
1日1便　所要1時間35分
ANA　2万9700〜3万7200円
SNA　2万8200〜3万円
※ANAとコードシェア便

鹿児島　鹿児島空港
1日2便　所要1時間30分
ANA　2万7700〜3万4700円
SNA　2万6300〜2万8100円
※ANAとコードシェア便

松山　松山空港
1日1便　所要2時間
ANA　3万3700〜4万2100円

高松　高松空港
1日1便　所要2時間10分
ANA　3万6400〜4万5600円

岡山　岡山空港
1日1便　所要2時間15分
JTA　3万9100〜4万1600円

神戸　神戸空港
1日6便　所要2時間15分
ANA　3万7500〜4万5700円
SNA　3万5500〜3万7700円
※ANAとコードシェア便
SKY　2万3900〜3万2500円

大阪　関西国際空港
1日10便　所要2時間15分
ANA　3万7500〜4万5700円
JTA　3万9100〜4万1600円
APJ　4990〜4万1680円

大阪　大阪空港（伊丹）
1日5便　所要2時間15分
ANA　3万7500〜4万5700円
JAL　3万9100〜4万1600円

札幌　新千歳空港
1日2便　所要3時間55分
ANA　6万6900〜8万2000円
APJ　7990〜5万8220円

仙台　仙台空港
1日2便　所要3時間20分
ANA　5万4200〜6万6300円
APJ　6490〜5万620円

新潟　新潟空港
1日1便　所要3時間10分
ANA　5万3800〜6万3300円
※季節運航

小松　小松空港
1日1便　所要2時間40分
JTA　4万6600〜4万9000円

東京　成田国際空港
1日5〜6便　所要3時間10分
ANA　4万4100〜5万3900円
JJP　5540〜4万2680円
APJ　5690〜4万3610円

東京　羽田空港
1日29便　所要2時間55分
ANA　4万4100〜5万3900円
JAL　4万6600〜4万9000円
SKY　2万5900〜3万6200円

静岡　静岡空港
1日1便　所要2時間50分
ANA　4万2900〜5万1500円

名古屋　中部国際空港
1日11〜13便　所要2時間25分
ANA　4万1800〜5万1300円
JTA　4万4100〜4万6600円
SNA　3万9600〜4万7200円
※ANAとコードシェア
SKY　2万3900〜3万2500円
JJP　4690〜4万2790円

※情報は2020年11月現在のものです。　※運賃は片道の通常運賃です。

航空会社問い合わせ先

ANA（全日空）
☎0570-029-222
SKY（スカイマーク）
☎0570-039-283
**JAL（日本航空）／
JTA（日本トランス
オーシャン航空）**
☎0570-025-071
APJ（ピーチ・アビエーション）
☎0570-001-292
JJP（ジェットスター・ジャパン）
☎0570-550-538
SNA（ソラシド エア）
☎0570-037-283

大手航空会社と格安航空会社（LCC）どちらを選択？

航空運賃の安さで注目を集めているのが、格安航空会社（ローコスト・キャリア）、通称LCC。大手航空会社の半額以下の料金で利用できることもある。2020年11月現在、那覇への路線には、ジェットスターやピーチといったLCCが就航。

ただし、料金が安いぶん、デメリットもある。大手航空会社と特徴を比較したうえで、好みに合ったほうを利用したい。

格安航空会社（LCC）

○ なにより運賃が割安
運賃の安さがなんといっても最大の魅力。搭乗日にもよるが、直前予約でも安くチケットが手に入る。タイムセールで激安チケットを買えることもある。また、通常は往復で買わないと割高になるが、LCCなら片道でも割安価格で購入が可能。

× サービスが大手ほど充実していない
LCCでは、手荷物預かりや機内食といったサービスが有料。そのほか、便の欠航や遅延があっても、他社便への振替や補償をしてくれないのが基本。

大手航空会社

○ 手厚いサービス
機内食・アメニティ、映画などのエンターテイメントを無料で提供。預け入れ荷物への制限も少ない。また、欠航になってしまった場合、振替便手配や宿泊施設の提供など、しっかりケアしてくれる。そのほか、ネット予約が基本のLCCに対し、コールセンターを利用して電話でも予約を受け付けてくれる。

× LCCに比べると料金が高くつきやすい
片道の航空券が割高、直前予約だと正規運賃になってしまうなど、料金に融通が利かないところがデメリット。ただ、繁忙期の場合、早めの予約でLCCより安くなることも。

沖縄へのアクセス

那覇空港

2019年3月に国内線と国際線を結ぶターミナルビルが完成した那覇空港。連結部にはショップや飲食店が並ぶ「ゆいにちストリート」も新たにでき、さらに利便性が高まっている。

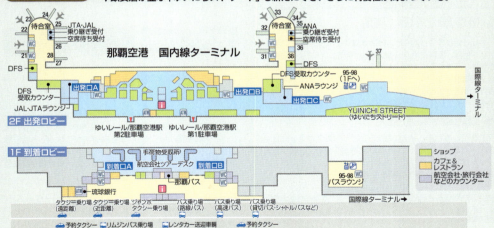

那覇空港からのアクセス

空港リムジンバス
那覇空港と主要リゾートホテルを結ぶ。8路線あるので、利用したい場合は宿泊するホテルがどの沿線にあるか確認を。事前ネット予約、または到着ロビー内の空港リムジンバスのカウンターで券を購入し、12番乗り場へ。ホテルから乗る場合はホテル内または販売所で乗車券を購入。
空港リムジンバス ☎098-869-3301

エアポートシャトルタクシー
那覇空港から本島各地のホテルへ直行するタクシー。ホテルのあるエリアごとに料金が決まっており、沖縄個人タクシー「デイゴ会」の場合、読谷村まで6000円、所要約70分。名護市まで8000〜1万1000円、所要90〜100分。
沖縄個人タクシー「デイゴ会」☎090-3793-8180

169

島内の移動は、レンタカー、タクシーが便利。バス、モノレールも活用できる

沖縄本島の交通

公共の交通機関は、那覇市内を走るモノレールと路線バス。移動にはレンタカーがあるとうれしい。
効率よく主要スポットを巡ることができる、観光用のタクシーやバスもある。

ゆいレール

那覇・首里観光に便利な公共交通機関

沖縄都市モノレール「ゆいレール」は、那覇空港駅からてだこ浦西駅を結ぶ全長約17kmの路線。那覇市内の移動に利用でき、観光名所の国際通りは県庁前駅や牧志駅、首里城は首里駅からほど近い。

フリー乗車券
自由に乗り降りできる乗車券。1日券は800円、2日券は1400円。自動券売機か駅の窓口で発行。
沖縄都市モノレール ☎098-859-2630

タクシー

割安な運賃がうれしい。観光用もおすすめ

● 近距離の移動に利用

初乗りは小型で560円と、沖縄本島のタクシー料金は本土よりも割安。那覇空港から那覇市街や南部エリアなど近距離の移動ならタクシーを使うのもいい。料金の目安は、那覇空港〜国際通りが1100〜1500円（所要約10分）、那覇空港〜平和祈念公園が約3500〜4000円（所要約30分）。
沖縄県ハイヤー・タクシー協会 ☎098-855-1344

● 島内観光にも使える

那覇から沖縄美ら海水族館など別エリアのスポットに行くなら、時間制の観光タクシーの利用もおすすめ。送迎から周辺観光までドライバーがサポートしてくれる。
沖縄県個人タクシー事業協同組合 ☎0120-768-555

定期観光バス

主なスポットを効率よくまわれる

定期観光バスツアーに参加すれば、那覇を起点に、本島北部や南部など、別エリアの観光スポットを効率よくまわれる。沖縄バスは「美ら海水族館と今帰仁城跡」（6900円、所要9時間40分）」など8コース、那覇バスは「首里城・おきなわワールドコース」（5500円、所要7時間）など3コースを催行。
沖縄バス 定期観光バスのりば ☎098-861-0083
那覇バス ☎098-868-3750

（ 自転車で那覇の街を巡る ）

レンタサイクルで風景を眺めながら、のんびり街を巡る旅もおすすめだ。那覇市内にもいくつかのレンタサイクル店がある。また、ポタリング（自転車散策）ツアーを利用した観光もおすすめだ。スタッフのガイド付きで、那覇の街をサイクリングしながら観光することができる。

レンタサイクル
琉Qレンタサイクル 　**MAP** 付録P.17 E-3
☎098-836-5023 　所那覇市牧志3-18-13 1F 　料ミニベロ〜18時まで1000円、24時間1400円、クロスバイク〜18時まで1800円、24時間2200円、ロードバイク〜18時まで2200円、24時間2600円 　交ゆいレール・安里駅/牧志駅から徒歩3分 　Pなし
※最新情報はhttp://cycle.sunnyday.jp/rental/ を参照

自転車散策ツアー
ガイドと一緒に那覇の路地を走る。壺屋・三重城コース5500円と、新都心コース5500円、壺屋・首里城コース7700円がある。
所要時間 3〜6時間
沖縄輪業 前島2号館☎098-943-6768 南風原店☎098-888-0064

離島への交通

那覇からフェリーで。橋で行ける島も多い

● 慶良間諸島へ

慶良間諸島（➡P.72・78）へは、那覇の泊港から、フェリーもしくは高速船でアクセスできる。高速船のほうが運賃が高いが、所要時間は短く済む。乗船券は事前にネットもしくは電話で予約しておきたい（予約した乗船券は当日港の所定の場所で受け取り）。フェリーと高速船では、乗り場が異なるので注意。

行き先	フェリー	高速船
渡嘉敷島	片道1690円／往復3210円* 所要約1時間10分／1日1便	片道2530円／往復4810円* 所要約35分／1日2〜3便
座間味島 阿嘉島	片道2150円、往復4090円* 所要約1時間30分〜2時間 1日1便	片道3200円／往復6080円* 所要約50〜1時間10分／ 1日1〜2便

渡嘉敷村船舶課 那覇事務所 ☎098-868-7541
座間味村役場那覇出張所 ☎098-868-4567
*高校生以上は、環境協力税100円がかかる

● そのほかの離島へ

奥武島、瀬底島、古宇利島などは本島と橋でつながっている。伊計島、浜比嘉島へは海中道路および橋でアクセス。

レンタカー
マイペースに島を移動できる交通手段

● ネットで事前予約が安心

公共交通機関をゆいレールと路線バスに頼る沖縄では、やはりレンタカーが便利。時間を気にせず、旅のプランが自由に組めるうえ、レンタル料金も本土より割安さ。レンタカー会社ごとにさまざまなプランを提供しているが、ネットの比較サイトを使えば、好みの条件(乗車するエリア、車種、喫煙/禁煙車など)を満たすプランを見つけることができる。

那覇空港に到着してすぐにレンタカーに乗りたい場合は空港近くの営業所での受け取りを選択して予約。旅行当日は空港でレンタカー会社の送迎車に乗り、近くの営業所に行って手続きをする。もちろん、空港のほか、Tギャラリア沖縄 by DFSや島内の他の地域での受け取りも選択できる。事前に予約をしていなかった場合は、空港のレンタカー案内所へ。夏休みなどの繁忙期は、当日に希望の車両に空きがない可能性もあるため、早めに予約しておいたほうが安心。

自分で手配する手間を省きたいなら、あらかじめレンタカーが組み込まれた、旅行会社のツアーを利用するのも手だ。

おすすめの比較サイト
沖楽 沖縄レンタカー予約.jp
たびらい沖縄 www.tabirai.net/okinawa

レンタカーを利用する

① 空港に到着
国内線到着ロビーを出て道路を渡ったところで、各レンタカー会社のスタッフが看板やのぼりを持って立っている。自分が予約した会社の送迎車に乗り、空港近くの営業所に向かおう。会社によっては営業所が遠く、時間がかかる場合がある。

② 営業所で手続き
送迎車で空港近くの営業所に行き、車を借りる。運転免許証を提示して、書類に必要事項を記入。料金もここで支払う。返却日時や場所、保険や補償についての説明はしっかり聞いておきたい。混雑していると、待ち時間が発生することも。

③ 車に乗って出発!
手続きを終えたら、レンタカーとご対面。スタッフと一緒に、目視で車の状態を確認する。カーナビやETCの操作方法も教えてもらえる。わからないことは質問して解決しておこう。そのあとは、いよいよ車に乗って沖縄旅行へ出発!

④ レンタカーを返却
車を返すときは、ガソリンを満タンにした状態で。追加料金などがあった場合は、その精算をする。返却後は、行きと同様に送迎車に乗って、空港へ移動。帰りの便に遅れないよう、時間に余裕をもったスケジュールを組んでおきたい。

沖縄の主なレンタカー会社

レンタカー会社名	予約センター	空港営業所
オリックスレンタカー	☎0120-30-5543	☎098-851-0543
トヨタレンタカー	☎0800-7000-111	☎098-857-0100
ニッポンレンタカー	☎0800-500-0919	☎098-951-0900
OTSレンタカー	☎0120-34-3732	☎098-856-8877
日産レンタカー	☎0120-00-4123	☎098-858-2523
タイムズカーレンタル	☎0120-00-5656	☎098-858-1536
スカイレンタカー	☎0570-077-180	☎0570-077-181
フジレンタカー	☎0120-439-022	☎098-858-9330
沖縄パシフィックレンタカー	☎0120-42-7577	
WBFレンタカー		☎098-859-5588

レンタカー Q&A

Q. プランに含まれている免責補償料って?
A. 利用者が事故を起こした場合、その修繕費の利用者負担を補償するための料金。

Q. ホテルへの配車や返車には対応してもらえる?
A. 会社や店舗によって異なるので確認を。別途料金がかかることもある。

Q. 飛行機が欠航になった場合どうすればいい?
A. 天候が原因で欠航になった場合、キャンセル料は発生しない会社が多いが、念のため連絡を入れておこう。

Q. 運転者の交替はOK?
A. 一般的には、出発時に運転者の名前を伝えて、免許証を提示していれば可能。

ドライブ時の注意事項

①バスレーン・バス専用道路
平日の朝夕に、交通量の多い国際通りや、国道58号で行なわれる交通規制。施行されているレーンおよび道路は、バスやタクシー専用になり、一般車両は通行できなくなる。道路標識に表示してあるので、注意しておこう。

②国際通りの通行止め
毎週日曜の12~18時、国際通りの県庁北口交差点から蔡温橋交差点までの区間は「トランジットモール」となり、イベントなどを行う。その間、一般車両は通行止めになる。雨天の場合、中止になる場合もあり。

③中央線が移動する
那覇の国道330号など、車線が少なく混雑する道では、時間によって中央線の位置が変更される。頭上に標識と専用信号機がある。

④沖縄の道路は滑りやすい
一般道のアスファルトには、サンゴ礁の琉球石灰岩が使われている。そのため水に濡れると滑りやすいので、雨の日はスピードを落とし、車間距離を多めにとるように。

路線バス

沖縄本島全域を網羅している

● 那覇市内線は一律料金

那覇を走る20番未満の番号の「市内線」は、一部を除き運賃は一律240円。20番以上の「市外線」も那覇市内は均一運賃。運賃は前払い(一部路線では異なる場合も)。

フリー乗車券
那覇バスの市内区間とゆいレールが一日乗り放題になる「バスモノパス」1000円も、那覇バスの空港事務所や営業所、ゆいレール各駅で販売している。

● 那覇と各地域、各地域間を結ぶ市外線

20番以上の路線「市外線」を使えば、那覇空港や那覇バスターミナルから、本島各地へアクセスできる。運賃は距離によって異なる。乗降車口は前方のドアのみなので、降車客が出るのを待って乗車。整理券を取り、降りるときに料金表示を確認して、整理券の番号と対応する料金を支払う。運賃と乗り方は、一部路線では異なる。

那覇バスターミナルから名護バスターミナルまで高速バス111番系統で所要1時間30分ほど、運賃は2140円。平和祈念堂入口へは、琉球バス・沖縄バス89番系統と琉球バス82番系統で所要約1時間20分ほど、運賃は1070円。

沖縄の主要路線バスが乗り放題の「沖縄路線バス周遊パス」もおすすめ。1日券2500円、3日券5000円で那覇空港観光案内所などで販売。高速バスなど一部適用外もある。

INDEX

遊ぶ・歩く・観る

あ 青の洞窟シュノーケリング ･････ 74
AKARA GALLERY／
BOKUNEN ART MUSEUM ･･････ 120
あざまサンサンビーチ ･･････････ 71
嵐山展望台 ･･････････････････ 25
アラハビーチ ････････････････ 71
育陶園 壺屋焼 やちむん道場 ･････ 157
伊計島 ･･･････････････････ 123
イルカラグーン ･･････････････ 66
ウミガメ館 ･･････････････････ 66
海からぐるっとExpress ･･･････ 23
浦添ようどれ ･･････････････ 100
エメラルドビーチ ････････････ 69
奥武島 ･･･････････････････ 112
オキちゃん劇場 ･････････････ 112
沖縄県立博物館・美術館(おきみゅー) ･ 107
沖縄美ら海水族館 ･･･････ 61・125
おきなわワールド 文化王国・玉泉洞
････････････････････ 112・114
オクマビーチ ･･･････････････ 69
か 勝連城跡 ･･･････････ 101・122
果報バンタ ･･････････････････ 25
茅打バンタ ･････････････ 26・126
ガンガラーの谷 ･････････････ 109
旧円覚寺総門・放生橋 ･･･････ 102
旧海軍司令部壕 ･････････････ 110
旧崇元寺第一門及び石牆 ･･････ 103
玉泉洞 青の泉 ･･･････････････ 29
金城大樋川 ･･････････････････ 99
久高島 ･･･････････････････ 109
慶佐次川のマングローブ ･･･････ 29
慶佐次川マングローブカヌー ･････ 84
ケラマカヤックセンター ･･･････ 73
慶良間シーカヤック＆シュノーケリング
････････････････････････ 72
古宇利島 ････････････････ 25・125
古宇利ビーチ ･･･････････････ 68
国営沖縄記念公園(海洋博公園)
････････････････････････ 66
国立劇場おきなわ ･･･････････ 107
コマカ島 ･････････････････ 77
さ 座喜味城跡 ･･･････････ 101
桜坂劇場 ･･･････････････････ 95
座間味村ホエールウォッチング協会
････････････････････････ 79
残波ビーチ ･････････････････ 116
残波岬公園 ･････････････ 27・116
識名園 ･･･････････････････ 103
首里金城町石畳道 ･･･････････ 99
首里金城の大アカギ ･･･････････ 99

首里城跡 ･････････････････ 101
首里城公園 ････････････････ 96
守礼門 ･･･････････････････ 97
ジンベエザメ シュノーケル ･･･････ 80
斎場御嶽 ･･････････ 29・108・113
瀬底島 ･･･････････････････ 124
瀬底ビーチ ･････････････････ 69
園比屋武御嶽石門 ･･････････ 108
た 大石林山 ･･･････････ 88・126
大石林山ガイドウォーク ･･･････ 88
玉陵 ･･･････････････････ 99・102
知念海洋レジャーセンター ･･････ 77
知念岬公園 ･･･････････････ 113
DMMかりゆし水族館 ･･････････ 22
とかしき ･･･････････････････ 76
トップマリン残波店 ･･････････ 80
豊崎美らSUNビーチ ･････････ 71
ドルフィンプログラム ･･････････ 81
トロピカルビーチ ････････････ 71
な 中城城跡 ･･･････････ 101・122
中村家住宅 ･･･････････････ 122
ナガンヌ島 ･･････････････････ 76
今帰仁城跡 ･･････････ 28・101・125
ナゴパイナップルパーク ･･･････ 124
那覇市ぶんかテンブス館／
那覇市伝統工芸館 ･･････････ 107
那覇市立壺屋焼物博物館 ･･････ 157
南山城跡(島尻大里城跡) ･･････ 101
ニライ橋・カナイ橋 ････････ 26・113
は 浜比嘉大橋 ････････････ 26
浜比嘉島 ･････････････････ 123
比地大滝 ･･･････････････ 29・87
比地大滝渓流トレッキングツアー
････････････････････････ 86
備瀬のフクギ並木 ･･･････ 28・125
美々ビーチいとまん ･･････････ 71
ひめゆりの塔・
ひめゆり平和祈念資料館 ･･････ 110
ブセナ海中公園 ･････････････ 117
平和祈念公園 ･･･････････ 110・112
辺戸岬 ･･･････････････････ 126
ホエールウォッチング ･･････････ 78
ま 真栄田岬 ･･･････････ 27・117
マリンクラブ ナギ ･････････････ 75
万座ビーチ ･････････････････ 70
万座毛 ･･････････････････ 27・117
ミッションビーチ ････････････ 70
美浜アメリカンビレッジ ･･･････ 120
水納島 ･･･････････････････ 124
水納ビーチ ･････････････････ 68
ムーンビーチ ･･･････････････ 70
もとぶ元気村 ･･･････････････ 81
や やちむんの里 ･････････ 116・154

やんばるエコツーリズム研究所 ･･･ 86
やんばる自然塾 ･････････････ 85
ゆいレール ･････････････････ 23
ら 琉球村 ･･･････････････ 117
龍潭 ･･･････････････････ 99
ルネッサンスビーチ ････････････ 70

泊まる

あ ANAインターコンチネンタル
万座ビーチリゾート ･･････ 51・82
沖縄スパリゾート エグゼス ･････ 55
オキナワ マリオット リゾート＆スパ ･ 56
オクマ プライベートビーチ＆リゾート
････････････････････ 53・82
オリエンタルヒルズ沖縄 ･･･････ 54
か カヌチャベイホテル＆ヴィラズ ･･ 82
グランディスタイル沖縄
読谷 ホテル＆リゾート ･･･････ 47
ココ ガーデンリゾート オキナワ ･ 57
コルディオ プール＆ヴィラズ 済井出 ･ 59
さ ザ・テラスクラブ アット ブセナ ･ 55
ザ・ブセナテラス ･･････････ 50
ジ・アッタテラス クラブタワーズ ･ 52
ジ・ウザテラス ビーチクラブヴィラズ ･ 52
シークレットプールヴィラ・セジ ･ 48
た chillma ･･･････････････ 58
は ハレクラニ沖縄 ･･･････････ 46
ヒルトン沖縄瀬底リゾート ･････ 48
ヒルトン沖縄北谷リゾート ･････ 51
星のや沖縄 ･････････････ 45
ホテル オリオン
モトブ リゾート＆スパ ･･･････ 57
ホテル日航アリビラ ･･･････ 53・82
ホテル ムーンビーチ ･･･････ 82
ら ルネッサンス リゾート オキナワ ･ 49・82
Royal Hotel 沖縄残波岬 ･･････ 82
わ WASSA WASSA ･･･････････ 59

食べる

あ 味まかせ けん家 ･･･････････ 140
あやぐ食堂 ･･･････････････ 135
新垣ぜんざい屋 ･････････････ 36
居酒屋 くめや ･････････････ 141
浮島ガーデン ･･･････････････ 137
御殿山 ･･･････････････････ 144
A&W 美浜店 ･･･････････････ 117
笑味の店 ･･････････････････ 136
OKINAWA CERRADO COFFEE
Beans Store ･･･････････････ 119

沖縄第一ホテル ・・・・・・・・・ 139
沖縄伝統木灰自家製めんの店
　むかしむかし ・・・・・・・・・・ 147
か 海洋食堂 ・・・・・・・・・・・・ 135
　かき氷屋 琉冰 ・・・・・・・・・ 37
　がじまる食堂 ・・・・・・・・・・ 135
　かのう家 ・・・・・・・・・・・・・ 43
　Café Ichara ・・・・・・・・・・ 34
　Café Captain Kangaroo ・・・ 150
　カフェくるくま ・・・・・・・・ 33
　カフェこくう ・・・・・・・・・ 32
　cafe CAHAYA BULAN ・・・・・ 31
　Cafebar Vambo Luga ・・・・・ 119
　我部祖河食堂 ・・・・・・・・・ 147
　亀かめそば ・・・・・・・・・・・ 145
　CALiN cafe ＋ zakka ・・・・・ 35
　がんじゅう堂 ・・・・・・・・・・ 43
　喫茶ニワトリ ・・・・・・・・・ 37
　京彌 ・・・・・・・・・・・・・・・ 141
　きらく ・・・・・・・・・・・・・・ 43
　キングタコス普天間店 ・・・・ 151
　古酒と琉球料理 うりずん ・・・ 132
　GOOD DAY COFFEE ・・・・・ 138
　GORDIE'S ・・・・・・・・・・ 150
　国際通り屋台村 ・・・・・・・・ 93
　古都首里 ぶくぶく茶専門店 嘉例 ・・ 99
さ THE ROSE GARDEN ・・・・・ 121
　C&C BREAKFAST OKINAWA ・・ 139
　島ジェラート&カフェ ISOLA ・・・ 38
　島豚七輪焼 満味 ・・・・・・・・ 149
　島やさい食堂 てぃーあんだ ・・ 137
　しむじょう ・・・・・・・・・・・ 145
　ジャッキーステーキハウス ・・ 148
　ジャンバルターコー ・・・・・・ 151
　首里いろは庭 ・・・・・・・・・ 133
　首里そば ・・・・・・・・・・・・ 144
　食堂かりか ・・・・・・・・・・ 32
　しらさ ・・・・・・・・・・・・・ 125
　ステーキハウス88 国際通り店 ・・ 148
　千日 ・・・・・・・・・・・・・・ 37
　そば処 すーまぬめぇ ・・・・・ 145
　そば処 玉家 ・・・・・・・・・・ 145
　そば屋よしこ ・・・・・・・・・ 147
た 高良食堂 ・・・・・・・・・・ 134
　タコス専門店 SENOR TACO ・・ 151
　田中果実店 ・・・・・・・・・・ 39
　てぃーだむーん ・・・・・・・・ 141
　手作り沖縄そばの店 つる屋 ・・ 146
　鉄板焼 さわふじ ・・・・・・・・ 149
　Detox cafe felicidad ・・・・・ 39
　ToTo la Bebe Hamburger ・・・ 150
な なかむら家 ・・・・・・・・・ 140
　今帰仁アグー料理一式 長堂屋 ・・・ 149

は 花笠食堂 ・・・・・・・・・・ 134
　浜辺の茶屋 ・・・・・・・・・・ 33
　ひいき家 ・・・・・・・・・・・ 43
　ピザ喫茶 花人逢 ・・・・・・・ 30
　Vita Smoothies ・・・・・・・・ 38
　富士家 泊本店 ・・・・・・・・ 36
　ブルーシール 国際通り店 ・・・ 39
　fruit cafe 松田商店 ・・・・・・ 37
　ポーたま 牧志市場店 ・・・・・ 139
　本格炭火炙り沖縄そば 島豚家 ・・ 146
ま 味噌めしや まるたま ・・・・・ 138
　むつみ橋かどや ・・・・・・・・ 144
　麺処 てぃあんだー ・・・・・・ 144
　木灰沖縄そば きしもと食堂 ・・ 146
　森の食堂 smile spoon ・・・・・ 35
や 八重山料理 潭亭 ・・・・・・・ 133
　山の茶屋 楽水 ・・・・・・・・ 34
　やんばるジェラート本店 ・・・・ 38
　ゆうなんぎい ・・・・・・・・・ 132
ら ライブ&居食屋 かなぐすく ・・ 142
　ライブ&沖縄料理 ライブハウス島唄
　・・・・・・・・・・・・・・・・・・ 142
　rat & sheep ・・・・・・・・・ 119
　琉宴 ・・・・・・・・・・・・・ 129
　レストラン チュフラティーダ ・・ 120
わ WaGyu-Café KAPUKA ・・・・・ 31

買う

あ Island Aroma OKINAWA ・・・・・ 165
　歩 サーターアンダギー ・・・・・ 42
　新垣ちんすこう本舗 国際通り牧志店
　・・・・・・・・・・・・・・・・・・ 91
　泡盛之店 琉夏 ・・・・・・・・ 42
　イーアス沖縄豊崎 ・・・・・・・ 22
　いちゃりばどぅしぐわぁー ・・・ 42
　一翠窯 ・・・・・・・・・・・・ 155
　糸満市場いとま〜る ・・・・・・ 22
　ippe coppe ・・・・・・・・・・ 118
　上原精肉店 ・・・・・・・・・・ 41
　海の駅 あやはし館 ・・・・・・ 123
　H&B ジェラ沖縄 ・・・・・・・ 42
　御菓子御殿 国際通り松尾店 ・・ 91
　沖縄美ら海水族館アンテナショップ
　　うみちゅらら 国際通り店 ・・・ 91
　オキナワ ハナサキマルシェ ・・ 23
　沖縄の風 ・・・・・・・・・・・ 92
　[oHacorté] 港川本店 ・・・・・ 119
か GARB DOMINGO ・・・・・・ 163
　カルビープラス ・・・・・・・・ 92
　玩具ロードワークス ・・・・・・ 95
　ぎぼまんじゅう ・・・・・・・・ 152

　清正陶器 ・・・・・・・・・・・ 156
　古酒家 ・・・・・・・・・・・・ 143
　久高民藝店 ・・・・・・・・・・ 92
　guma guwa ・・・・・・・・・ 156
　glacitta' ・・・・・・・・・・・ 159
　Craft・Gift ヤッチとムーン ・・・ 160
　craft house Sprout ・・・・・・ 162
さ 栄町市場 ・・・・・・・・・・ 43
　サンエー 那覇メインプレイス ・・ 166
　CHICAGO ANTIQUES on ROUTE 58
　・・・・・・・・・・・・・・・・・・ 121
　瀬長島ウミカジテラス ・・・・・ 115
た タウンプラザかねひで にしのまち市場
　・・・・・・・・・・・・・・・・・・ 166
　高良レコード店 楽器部 ・・・・ 93
　cicafu metal works ・・・・・ 159
　チュフディナチュール ・・・・・ 165
　常秀工房 ギャラリーうつわ家 ・・ 154
　TIDAMOON 長山びんがた
　カフェ ちゅふぁーら ・・・・・ 158
　tituti OKINAWAN CRAFT ・・・ 161
　Depot Island ・・・・・・・・ 120
　ten ・・・・・・・・・・・・・・ 162
　tuitree ・・・・・・・・・・・・ 95
　陶器工房 壹 ・・・・・・・・・ 155
な 中村製菓 ・・・・・・・・・・ 152
　中本鮮魚てんぷら店 ・・・・・・ 113
　那市第一牧志公設市場(仮設) ・・ 40
　のうれんプラザ ・・・・・・・・ 43
は PEARL. ・・・・・・・・・・・ 121
　PAIKAJI ・・・・・・・・・・ 92
　紅型キジムナー工房 ・・・・・・ 163
　feliz ・・・・・・・・・・・・・ 163
　ふくぎや 国際通り店 ・・・・・ 91
　ふくら舎 ・・・・・・・・・・・ 95
　BRANC JUJU ・・・・・・・・ 120
　FROMO ・・・・・・・・・・・ 164
ま 松原屋製菓 ・・・・・・・・・ 152
　真南風まるかつ ・・・・・・・・ 156
　丸玉直売店 ・・・・・・・・・・ 152
　道の駅 いとまん ・・・・・・・ 112
　MIMURI ・・・・・・・・・・・ 94
　宮古島の雪塩 国際通り店 ・・・ 90
や 与那嶺鮮魚 ・・・・・・・・・ 41
　読谷山焼北窯売店 ・・・・・・・ 155
　読谷山焼共同直売店 ・・・・・・ 154
ら La Cucina SOAP BOUTIQUE ・・ 165
　琉球ぴらす 浮島通り店 ・・・・ 94
　Ryu Spa 北谷店 ・・・・・・・ 164
　RENEMIA ・・・・・・・・・・ 93

STAFF

編集制作 Editors
(株)K&Bパブリッシャーズ

取材・執筆・撮影 Writers & Photographers
小早川渉　川畑公平　J to Friends Company
新崎理良子　高梨真由子　宮里ケロゆかり
白木裕紀子　矢嶋健吾　照屋俊　大湾朝太郎

執筆協力 Writers
内野究　遠藤優子　伊藤麻衣子

本文・表紙デザイン Cover & Editorial Design
(株)K&Bパブリッシャーズ

表紙写真 Cover Photo
おきなわフォト

地図制作 Maps
トラベラ・ドットネット(株)
DIG.Factory

写真協力 Photographs
沖縄県立芸術大学附属図書・芸術資料館
沖縄県立博物館・美術館
おきなわフォト
海洋博・沖縄美ら海水族館
国立劇場おきなわ
首里城公園
那覇市伝統工芸館
那覇市歴史博物館
琉球大学附属図書館
関係各市町村観光課・観光協会
関係諸施設
PIXTA

総合プロデューサー Total Producer
河村季里

TAC出版担当 Producer
君塚太

TAC出版海外版権担当 Copyright Export
野崎博和

エグゼクティヴ・プロデューサー
Executive Producer
猪野樹

おとな旅 プレミアム 沖縄 第3版

2021年2月12日　初版　第1刷発行

著　　　者	TAC出版編集部	
発 行 者	多田敏男	
発 行 所	TAC株式会社　出版事業部	
	（TAC出版）	

〒101-8383 東京都千代田区神田三崎町3-2-18
電話　03(5276)9492(営業)
FAX　03(5276)9674
https://shuppan.tac-school.co.jp

印　　　刷	株式会社　光邦	
製　　　本	東京美術紙工協業組合	

©TAC 2021　Printed in Japan　　ISBN978-4-8132-9469-6
N.D.C.291　　　　　　　　落丁・乱丁本はお取り替えいたします。

本書は、「著作権法」によって、著作権等の権利が保護されている著作
物です。本書の全部または一部につき、無断で転載、複写されると、
著作権等の権利侵害となります。上記のような使い方をされる場合に
は、あらかじめ小社宛許諾を求めてください。

本書に掲載した地図の作成に当たっては、国土地理院発行の数値地図
(国土基本情報)電子国土基本図(地図情報)、数値地図(国土基本情報)
電子国土基本図(地名情報)及び数値地図(国土基本情報20万)を調整し
ました。